계이름을 알면 피아노가 쉬워요!

룰루랄라

계이름공부

11권 · 활용편

아름다운음악아름다운인생

AR 아름출판사

머리말

　어린이들이 피아노를 처음 배울 때 기본적이면서도 매우 중요한
공부가 계이름 익히기 입니다.
그러나 계이름이라는 제한된 범위 안에서 이루어지는 단순한 반복
학습이다 보니 어린이들의 피아노 학습 효과의 저하는 물론,
피아노에 대한 흥미마저 잃게하는 한 요인이 되기도 합니다.

이에 계이름을 재미있게 이해하며 익힐 수 있도록 쉽고 체계적으로
구성한 교재가 룰루랄라 계이름 공부 입니다.
본 교재는 어린이 혼자서도 공부할 수 있으며 각 페이지마다
기초 이론을 반복 학습하도록 하여 계이름은 물론 기초 음악이론도
자연스럽게 익힐 수 있도록 하였습니다.

룰루랄라 계이름 공부가 어린이들의 피아노 연주 능력 향상에 기초가 되고
지도하시는 선생님의 번거로움을 덜어 드리는데 도움이 되기를 기대합니다.

이 책의 구성

룰루랄라 계이름 공부는
바이엘 과정에 맞추어 3단계 12권으로 구성하였습니다.

기초편	초급편	활용편
1단계	2단계	3단계

1 · 2 · 3권
• 기초적인 계이름
• 기초 음악이론

5 · 6 · 7권
• 기초편을 바탕으로
  음역을 넓힌 계이름
• 기초 음악이론

9 · 10 · 11권
• 기초 · 초급편을 바탕
  으로 수준 높은 계이름
• 기초 음악이론

4권 : 기초편 마무리

8권 : 초급편 마무리

12권 : 활용편 마무리

11권(활용편)의 구성

● 라장조, 가장조, 마장조, 장3화음, 단3화음 복습

● 내림나장조 음계와 주요3화음, 내림마장조 음계와 주요3화음

● 임시표가 붙은 장3화음, 단3화음, 딸림7화음, 코드와 계이름 종합연습

● 높은음자리보표에서 라장조 주요3화음을 잘 기억하세요.

화음이름	으뜸화음	버금딸림화음	딸림화음
화음기호	I	IV	V

라장조 주요3화음의 자리바꿈형을 따라서 그리고, 써 보세요.

기본형   첫째 자리바꿈형   둘째 자리바꿈형

으뜸화음
I

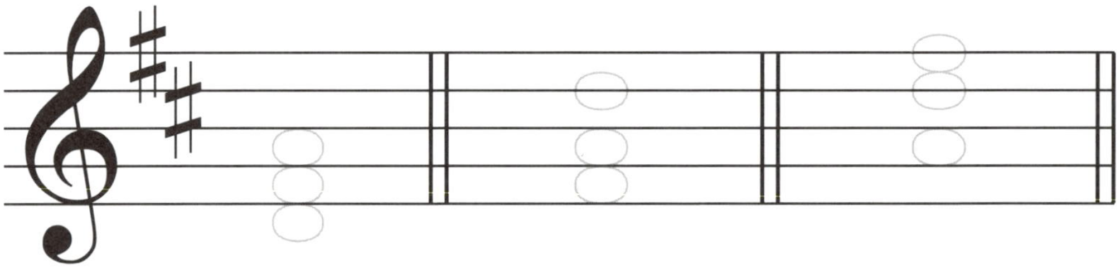

레 파# 라   파# 라 레   라 레 파#

버금딸림화음
IV

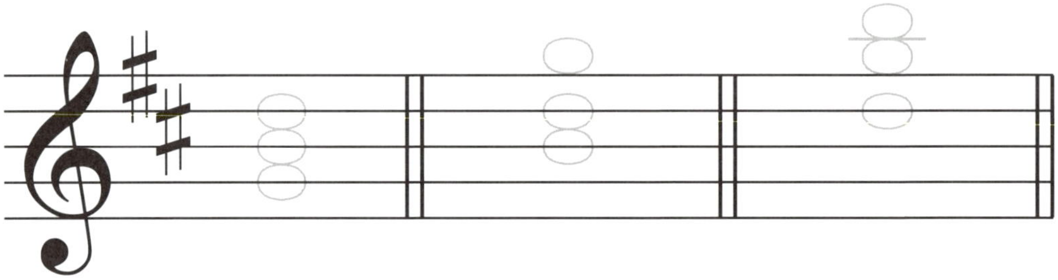

솔 시 레   시 레 솔   레 솔 시

딸림화음
V

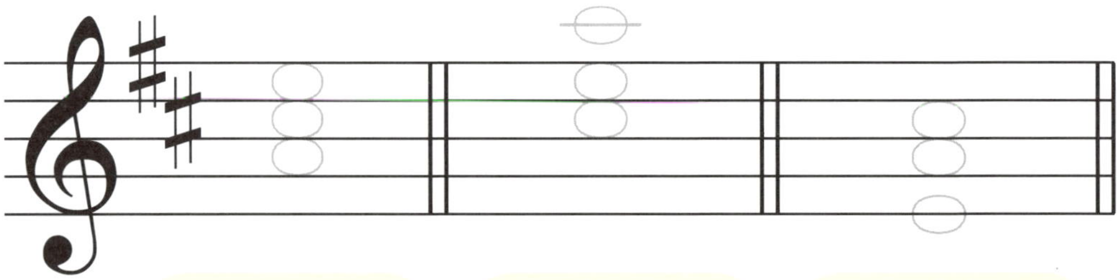

라 도# 미   도# 미 라   미 라 도#

● 낮은음자리보표에서 라장조 주요3화음을 잘 기억하세요.

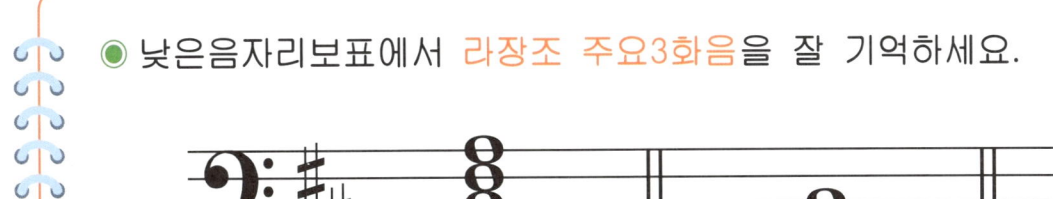

화음이름	으뜸화음	버금딸림화음	딸림화음
화음기호	I	IV	V

라장조 주요3화음의 자리바꿈형을 따라서 그리고, 써 보세요.

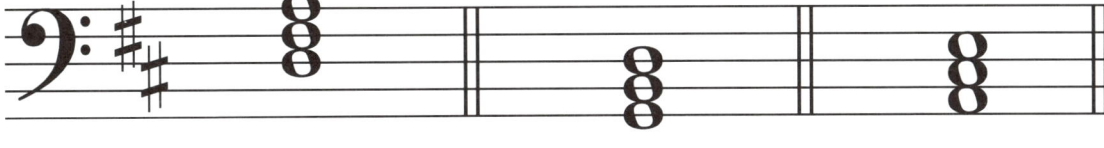
기본형　첫째 자리바꿈형　둘째 자리바꿈형

으뜸화음
I →
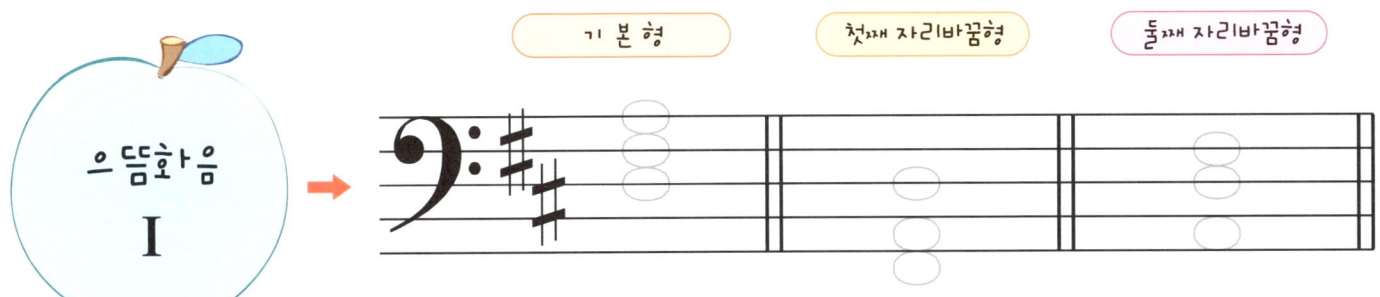
레 파# 라　파# 라 레　라 레 파#

버금딸림화음
IV →
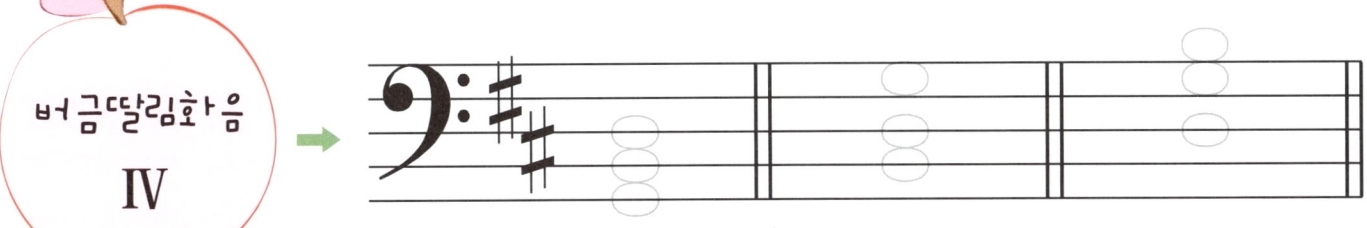
솔 시 레　시 레 솔　레 솔 시

딸림화음
V →

라 도# 미　도# 미 라　미 라 도#

룰루랄라 계이름 공부

 라장조 주요3화음의 계이름(고정도법)을 읽고 화음기호를 써 보세요.

I   IV   V   I

I

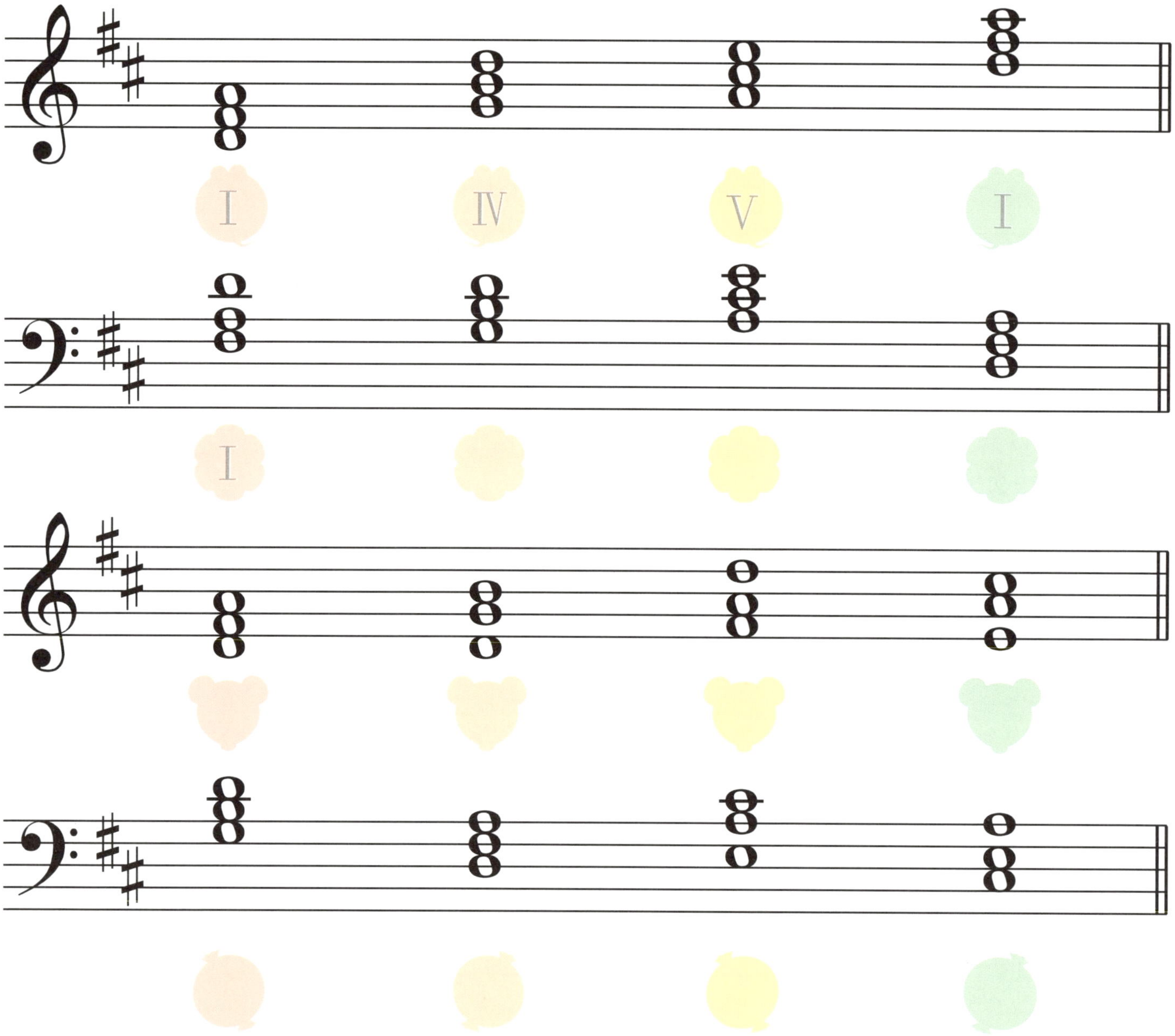

룰루랄라 기초 이론

라장조 주요3화음의 고정도법 계이름을 보고 화음기호를 써 보세요.

레 파# 라 = I,   솔 시 레 = IV,   라 도# 미 = V

레 파# 라 = ,   솔 시 레 = ,   라 도# 미 =

계이름 공부

 월 일

 라장조 주요3화음의 계이름(고정도법)을 읽고 화음기호를 써 보세요.

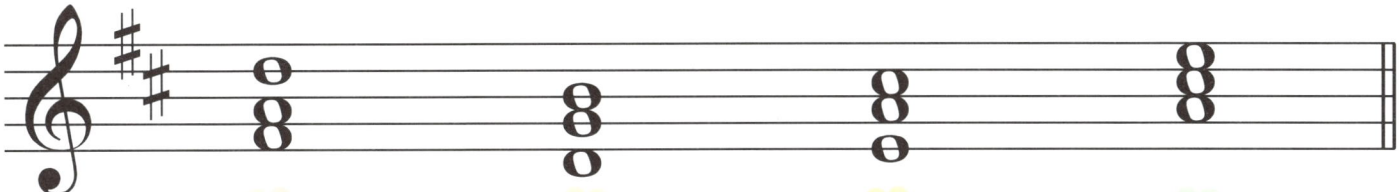

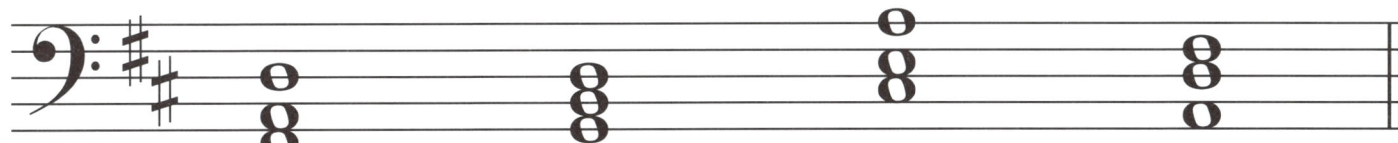

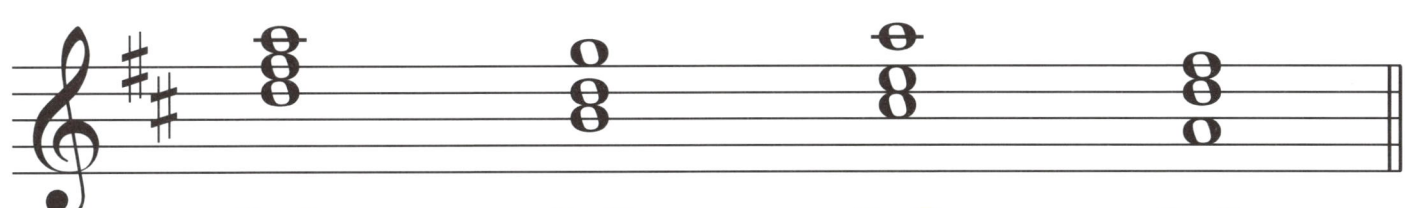

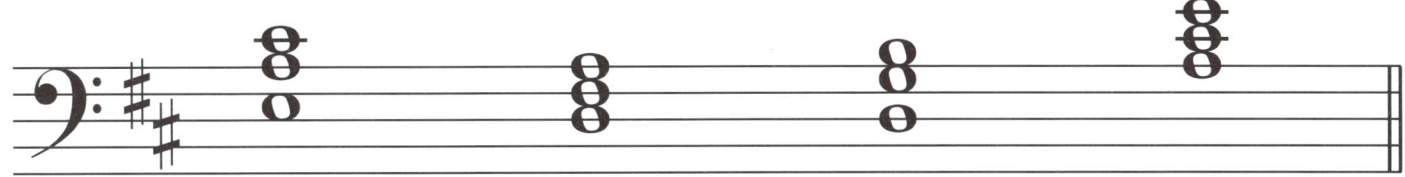

룰루랄라 기초 이론

라장조 주요3화음을 같은 것 끼리 선으로 연결해 보세요.

I ·	· 솔시레 ·	· 딸림화음
IV ·	· 라도#미 ·	· 으뜸화음
V ·	· 레파#라 ·	· 버금딸림화음

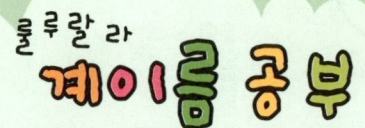

● 높은음자리보표에서 **가장조 주요3화음**을 잘 기억하세요.

화음이름	으뜸화음	버금딸림화음	딸림화음
화음기호	I	IV	V

 가장조 주요3화음의 **자리바꿈형**을 따라서 그리고, 써 보세요.

기 본 형   첫째 자리바꿈형   둘째 자리바꿈형

으뜸화음 I →

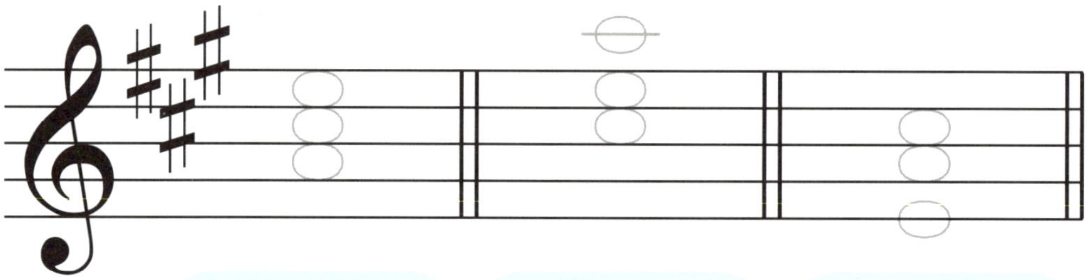

라 도#미   도#미라   미 라 도#

버금딸림화음 IV →

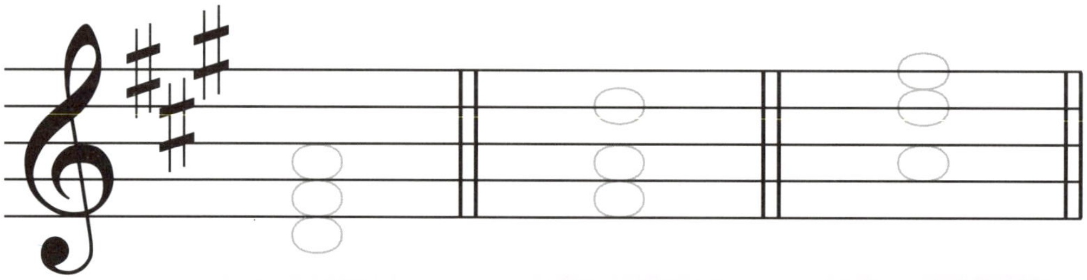

레 파#라   파#라레   라 레 파#

딸림화음 V →

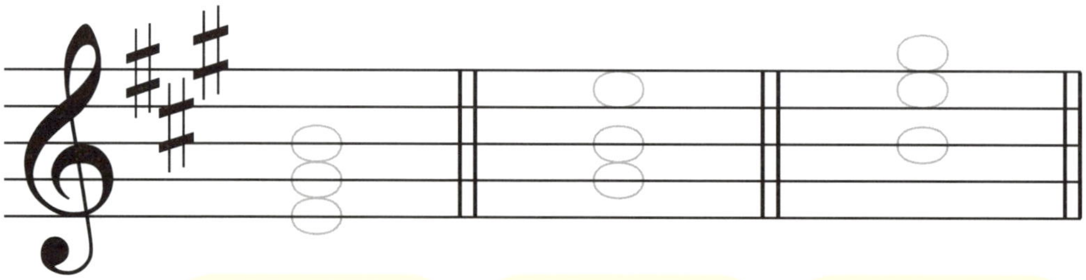

미 솔#시   솔#시미   시 미 솔#

● 낮은음자리보표에서 **가장조 주요3화음**을 잘 기억하세요.

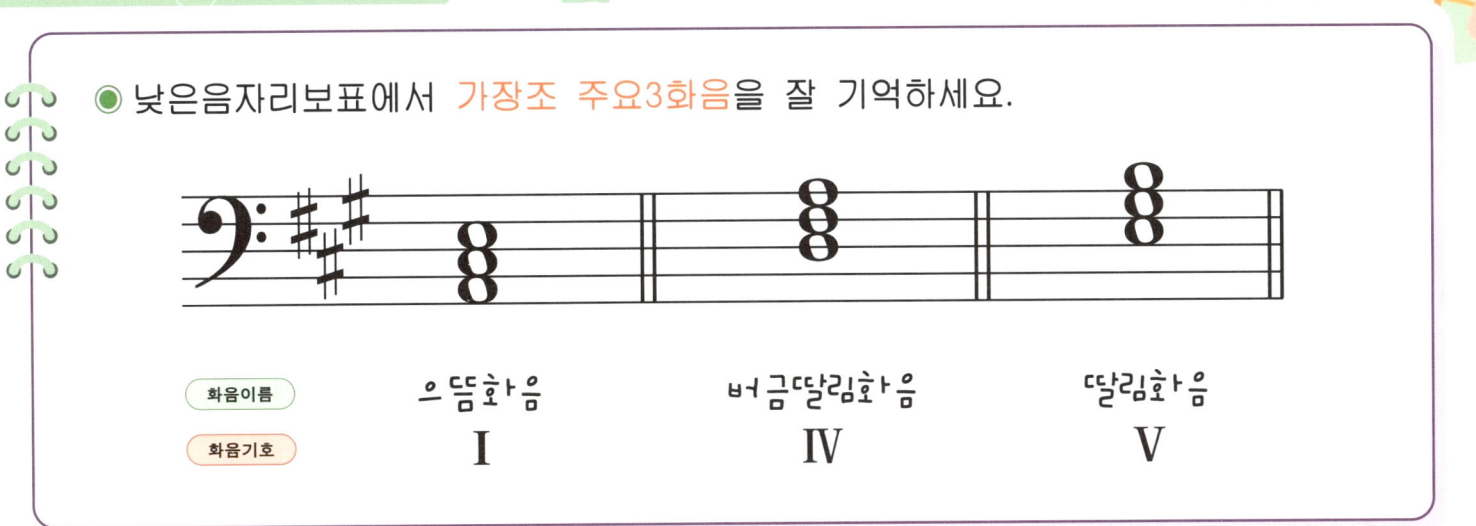

화음이름	으뜸화음	버금딸림화음	딸림화음
화음기호	I	IV	V

가장조 주요3화음의 **자리바꿈형**을 따라서 그리고, 써 보세요.

기 본 형 　 첫째 자리바꿈형 　 둘째 자리바꿈형

으뜸화음 I

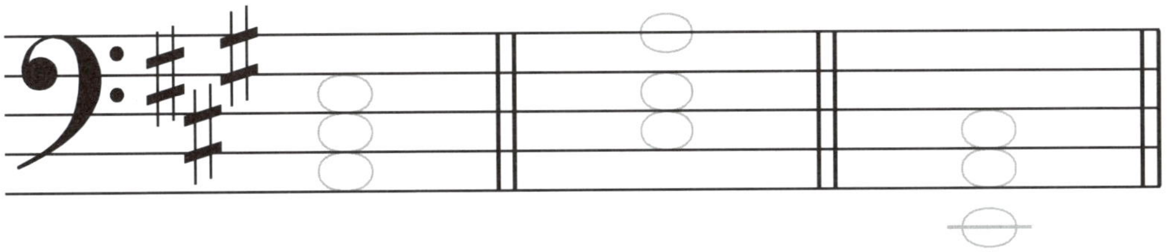

라 도#미　도#미라　미 라 도#

버금딸림화음 IV

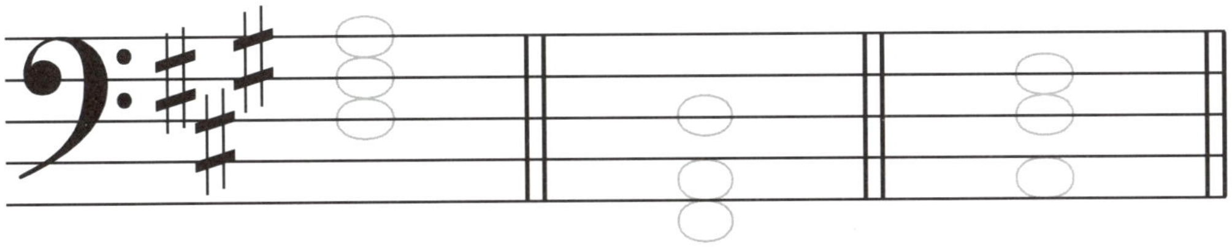

레 파#라　파#라레　라 레 파#

딸림화음 V

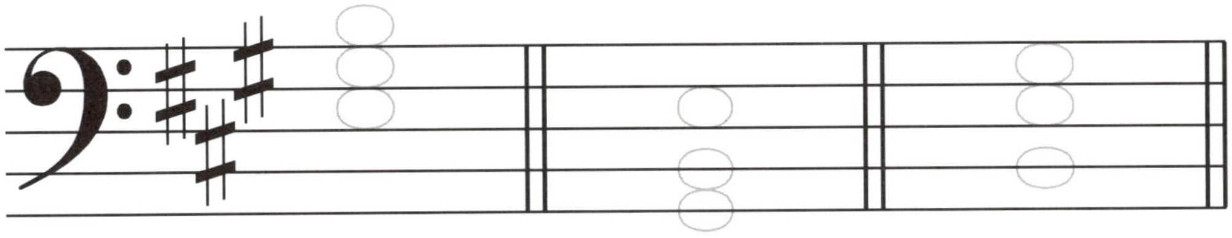

미 솔#시　솔#시미　시 미 솔#

 가장조 주요3화음의 계이름(고정도법)을 읽고 화음기호를 써 보세요.

I 　　IV 　　V 　　I

룰루랄라 기초 이론

가장조 주요3화음의 고정도법 계이름을 보고 화음기호를 써 보세요.

라도♯미 = Ⅰ ,　레파♯라 = Ⅳ ,　미솔♯시 = Ⅴ

라도♯미 = 　 ,　레파♯라 = 　 ,　미솔♯시 =

룰루랄라 계이름 공부

 가장조 주요3화음의 계이름(고정도법)을 읽고 화음기호를 써 보세요.

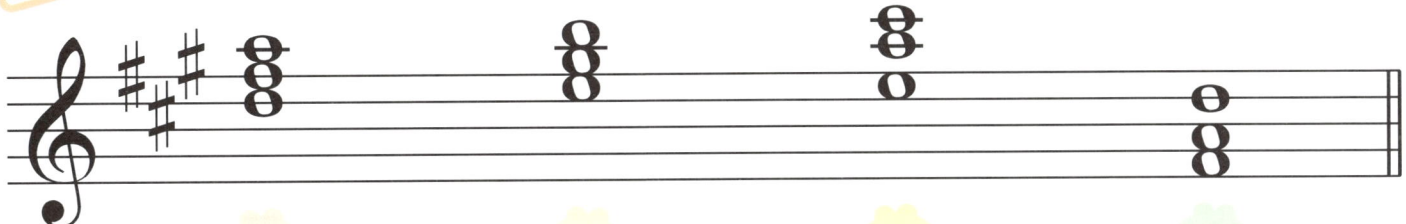

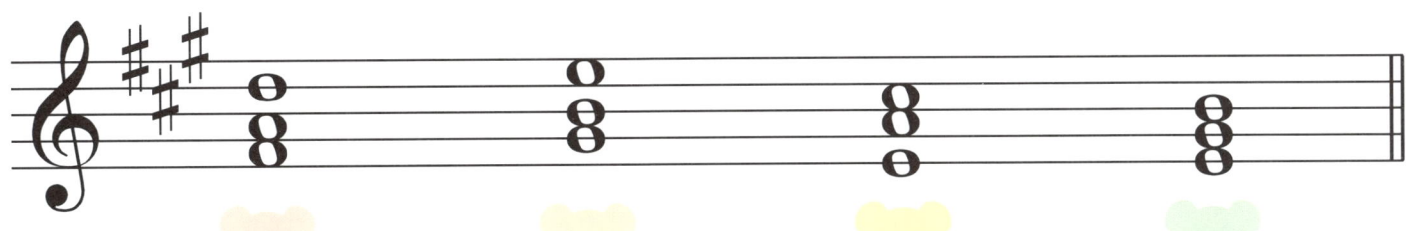

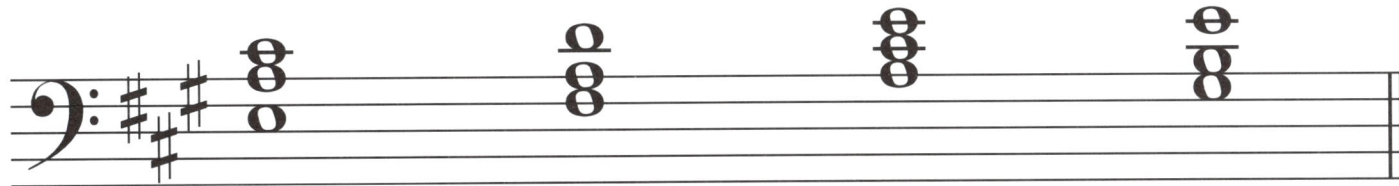

룰루랄라 기초 이론

가장조 주요3화음을 같은 것 끼리 선으로 연결해 보세요.

V •	• 레파♯라 •	• 버금딸림화음
I •	• 미솔♯시 •	• 으뜸화음
IV •	• 라도♯미 •	• 딸림화음

● 높은음자리보표에서 **마장조 주요3화음**을 잘 기억하세요.

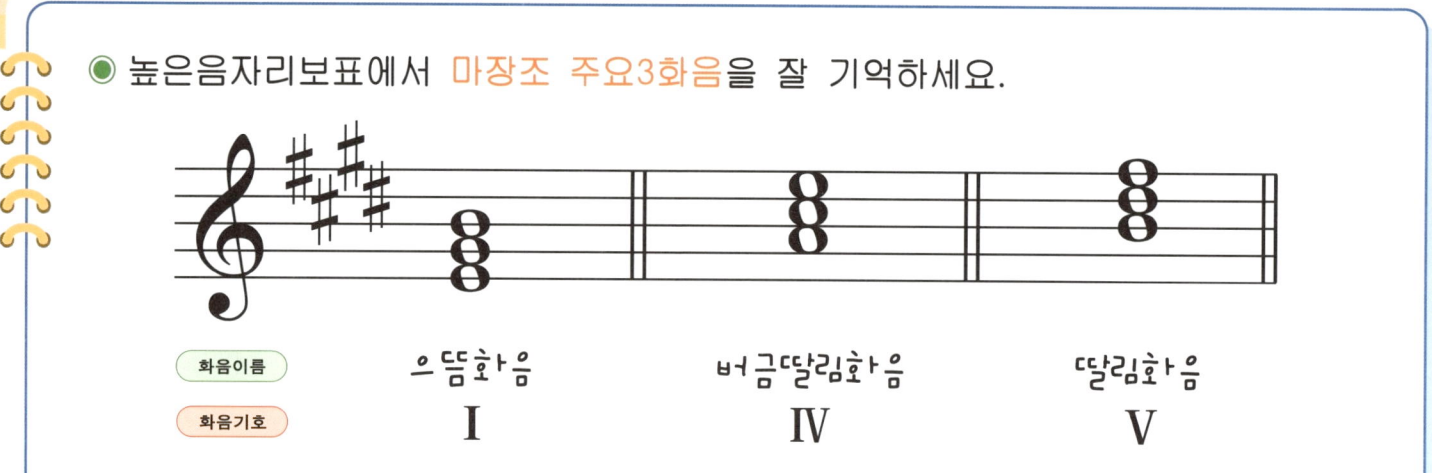

화음이름	으뜸화음	버금딸림화음	딸림화음
화음기호	I	IV	V

마장조 주요3화음의 **자리바꿈형**을 따라서 그리고, 써 보세요.

	기본형	첫째 자리바꿈형	둘째 자리바꿈형

으뜸화음 I

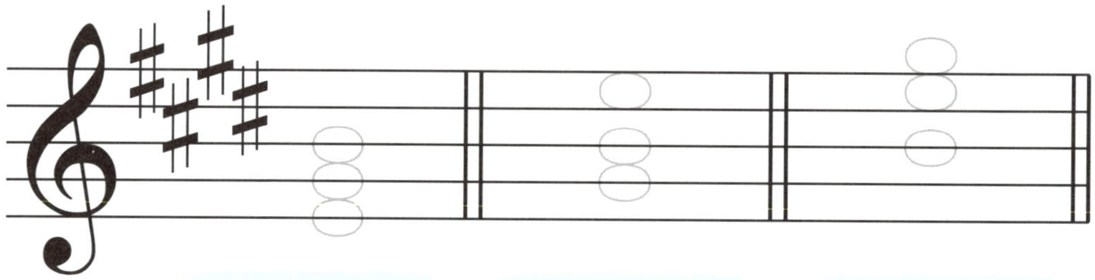

미솔#시   솔#시미   시미솔#

버금딸림화음 IV

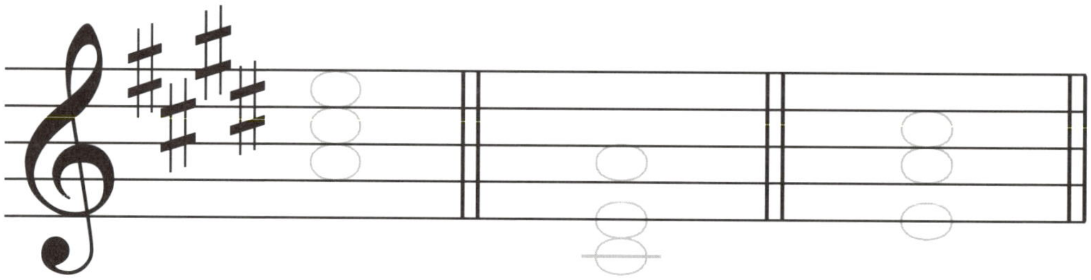

라도#미   도#미라   미라도#

딸림화음 V

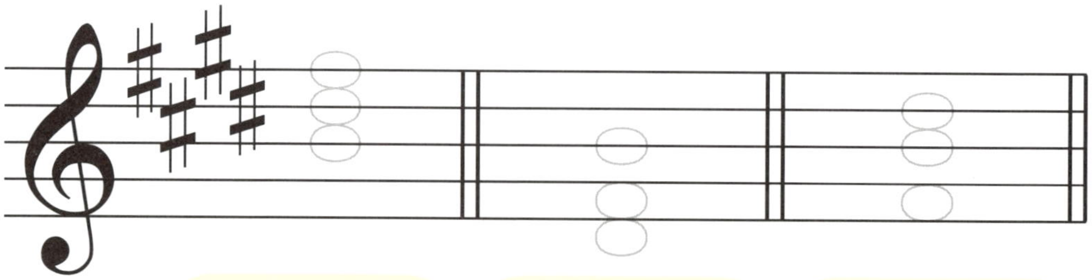

시레#파#   레#파#시   파#시레#

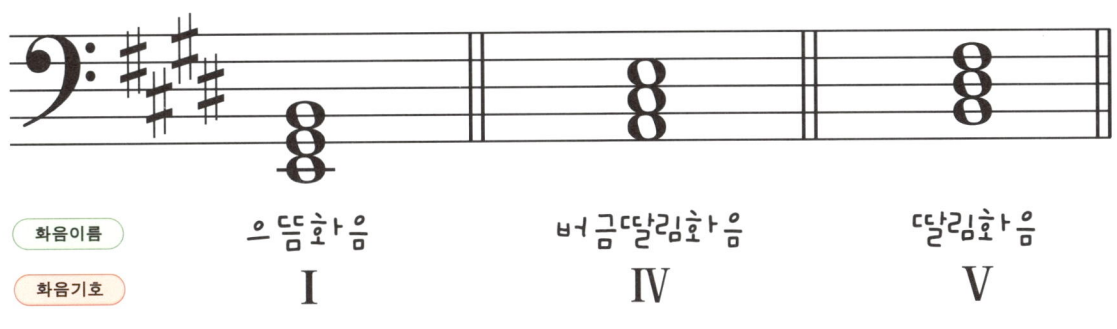

● 낮은음자리보표에서 마장조 주요3화음을 잘 기억하세요.

화음이름	으뜸화음	버금딸림화음	딸림화음
화음기호	I	IV	V

 마장조 주요3화음의 자리바꿈형을 따라서 그리고, 써 보세요.

기본형   첫째 자리바꿈형   둘째 자리바꿈형

으뜸화음 I

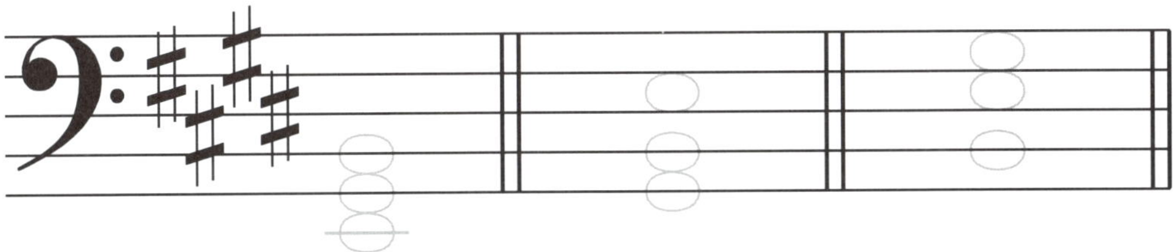

미솔#시   솔#시미   시미솔#

버금딸림화음 IV

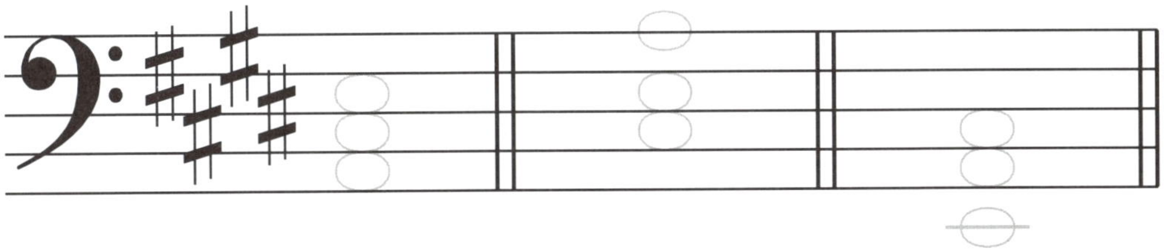

라도#미   도#미라   미라도#

딸림화음 V

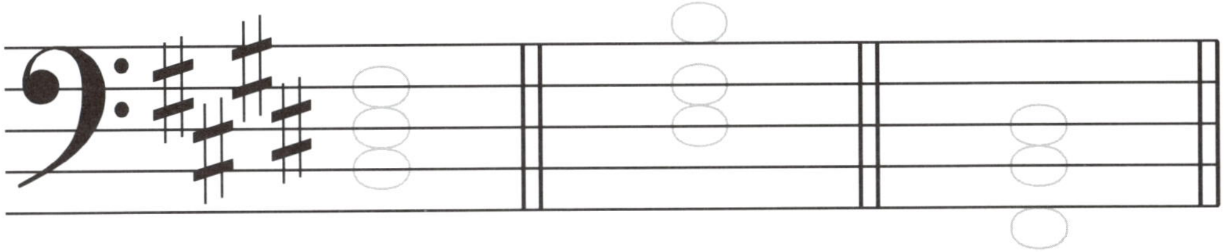

시레#파#   레#파#시   파#시레#

13

 마장조 주요3화음의 계이름(고정도법)을 읽고 화음기호를 써 보세요.

Ⅰ   Ⅳ   Ⅴ   Ⅰ

룰루랄라 기초 이론

마장조 주요3화음의 고정도법 계이름을 보고 화음기호를 써 보세요.

미솔♯시 = Ⅰ,   라도♯미 = Ⅳ,   시레♯파♯ = Ⅴ

미솔♯시 =   ,   라도♯미 =   ,   시레♯파♯ =

 마장조 주요3화음의 계이름(고정도법)을 읽고 화음기호를 써 보세요.

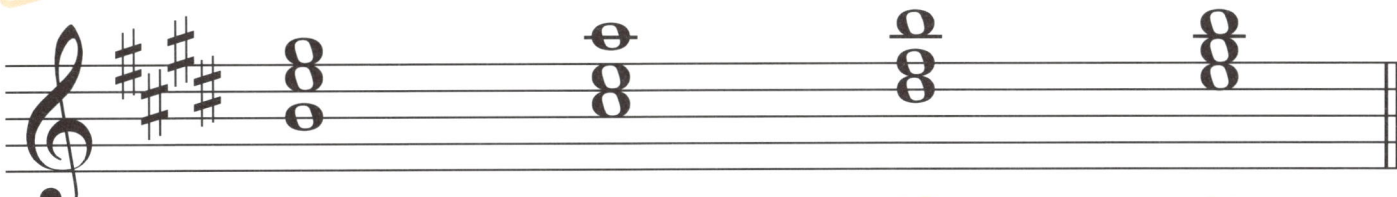

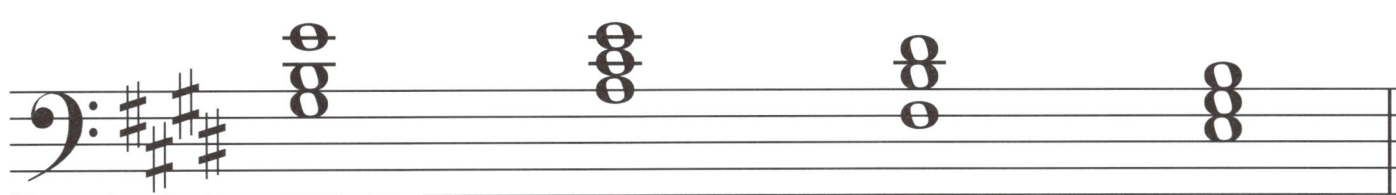

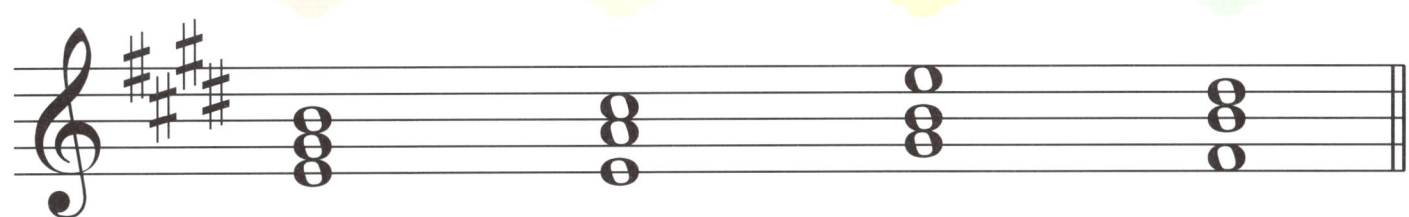

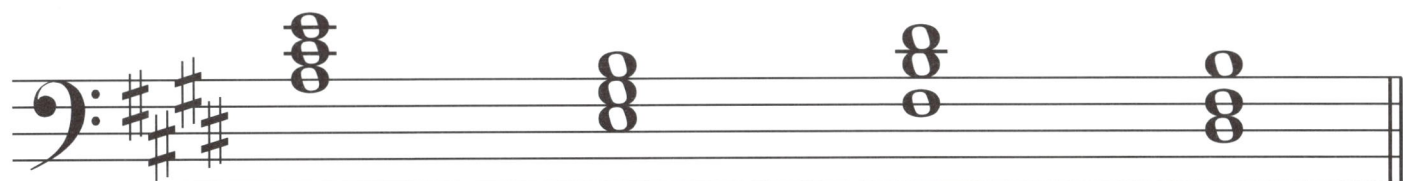

롤루랄라 기초 이론

마장조 주요3화음을 같은 것 끼리 선으로 연결해 보세요.

I ·	· 라도#미 ·	· 딸림화음
IV ·	· 시레#파# ·	· 으뜸화음
V ·	· 미솔#시 ·	· 버금딸림화음

월   일

 조표를 따라서 그리고 각 장조의 음계를 그려 보세요.

　1　　2　　3　　4　　5　　6　　7　　8

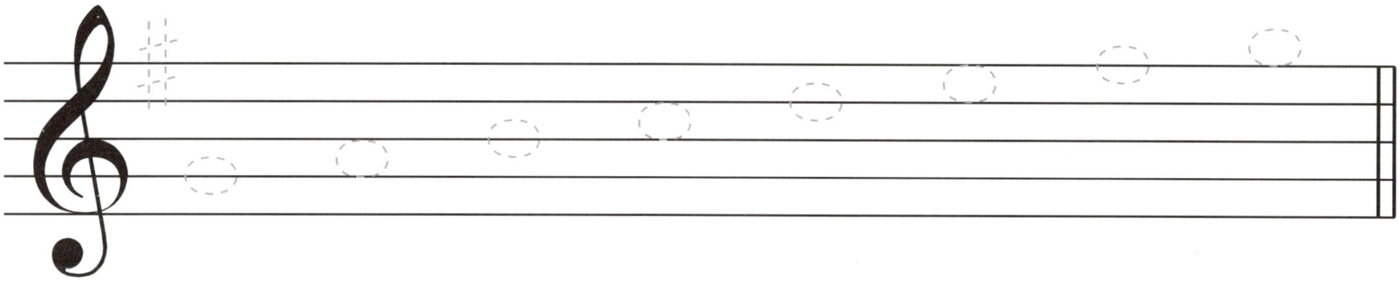

도　레　미　파　솔　라　시　도

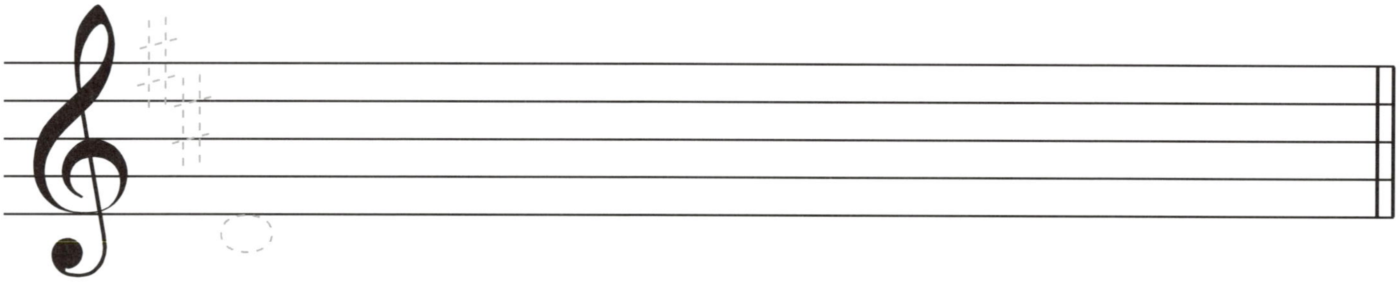

도　레　미　파　솔　라　시　도

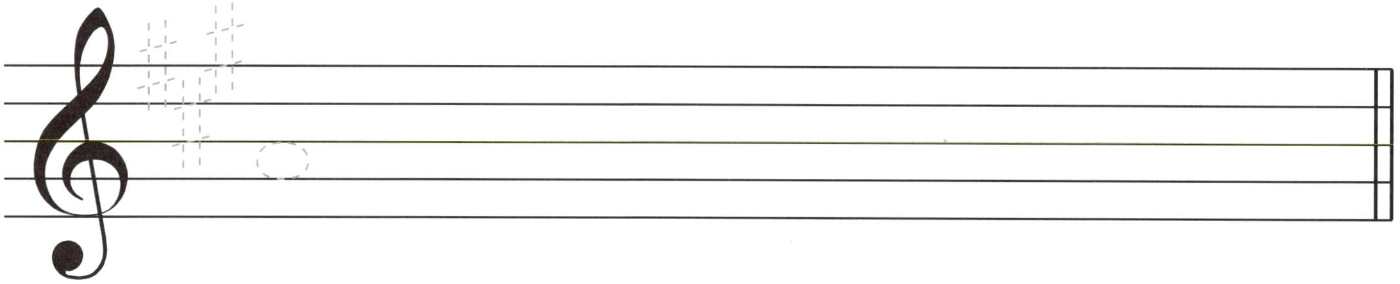

도　레　미　파　솔　라　시　도

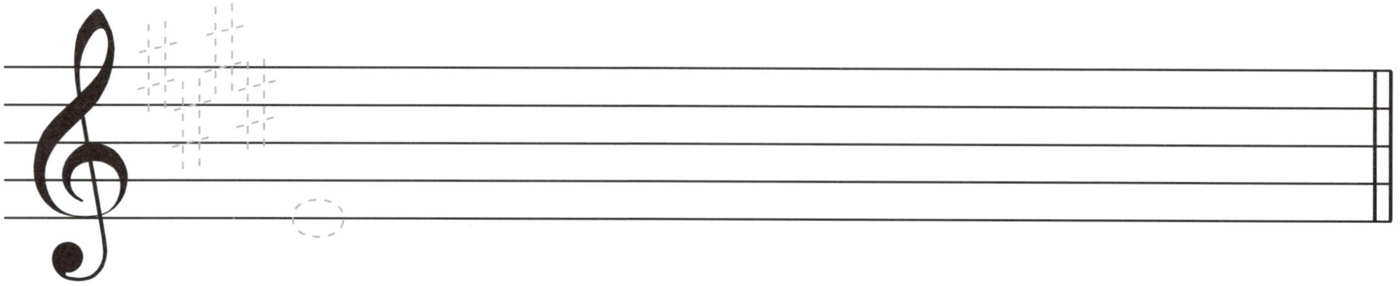

도　레　미　파　솔　라　시　도

 3화음의 **이동도법** 계이름을 쓰고 **화음기호**를 따라서 써 보세요.

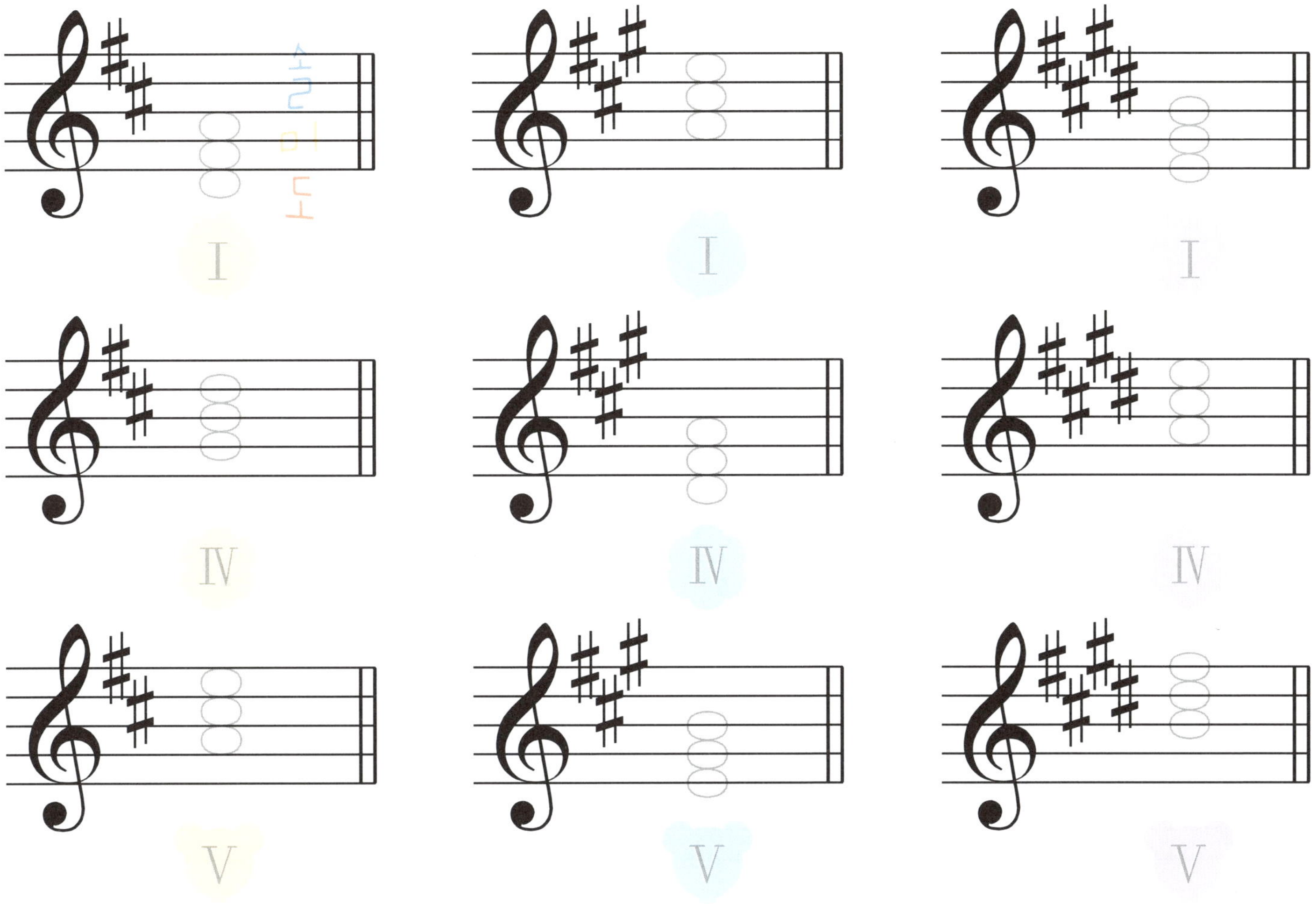

 3화음과 **화음기호**를 맞는 것끼리 연결 해 보세요.

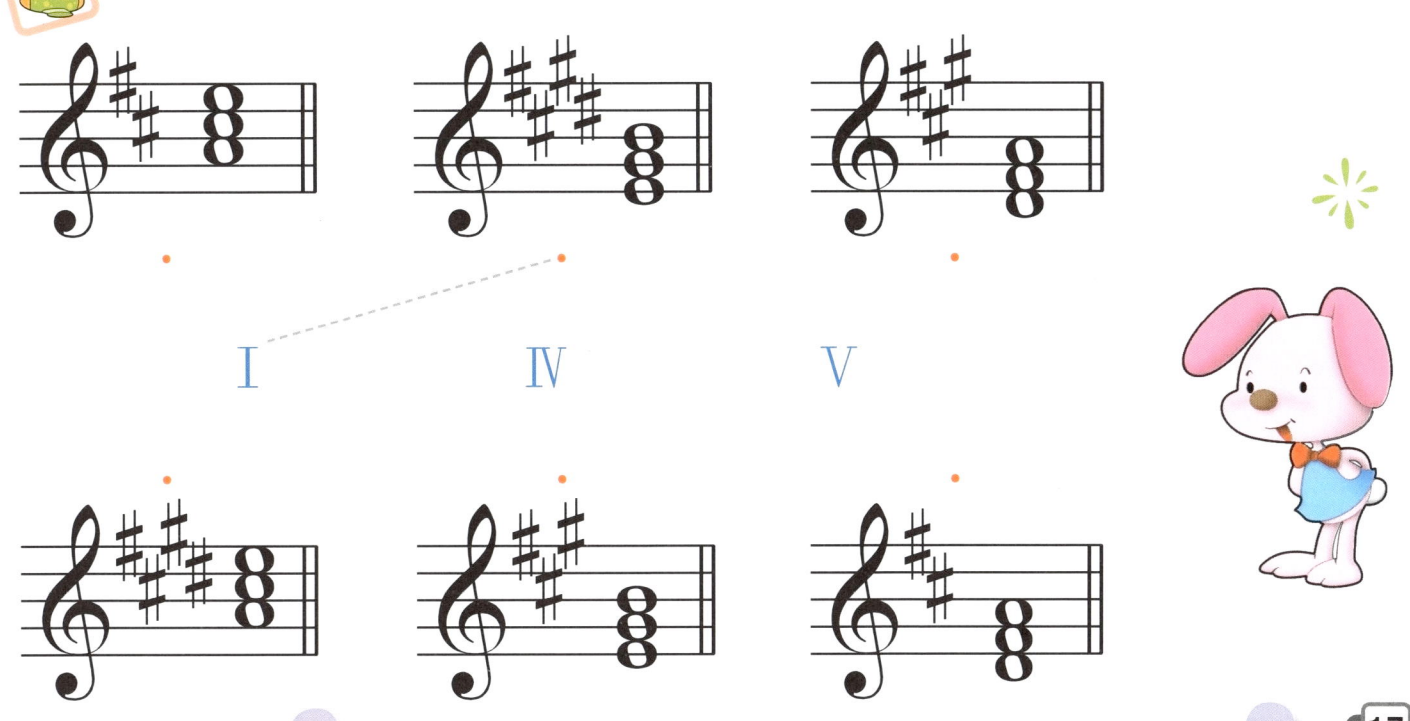

● 장3도는 온음이 2개, 단3도는 온음 1개 + 반음 1개인 것을 잘 기억하세요.

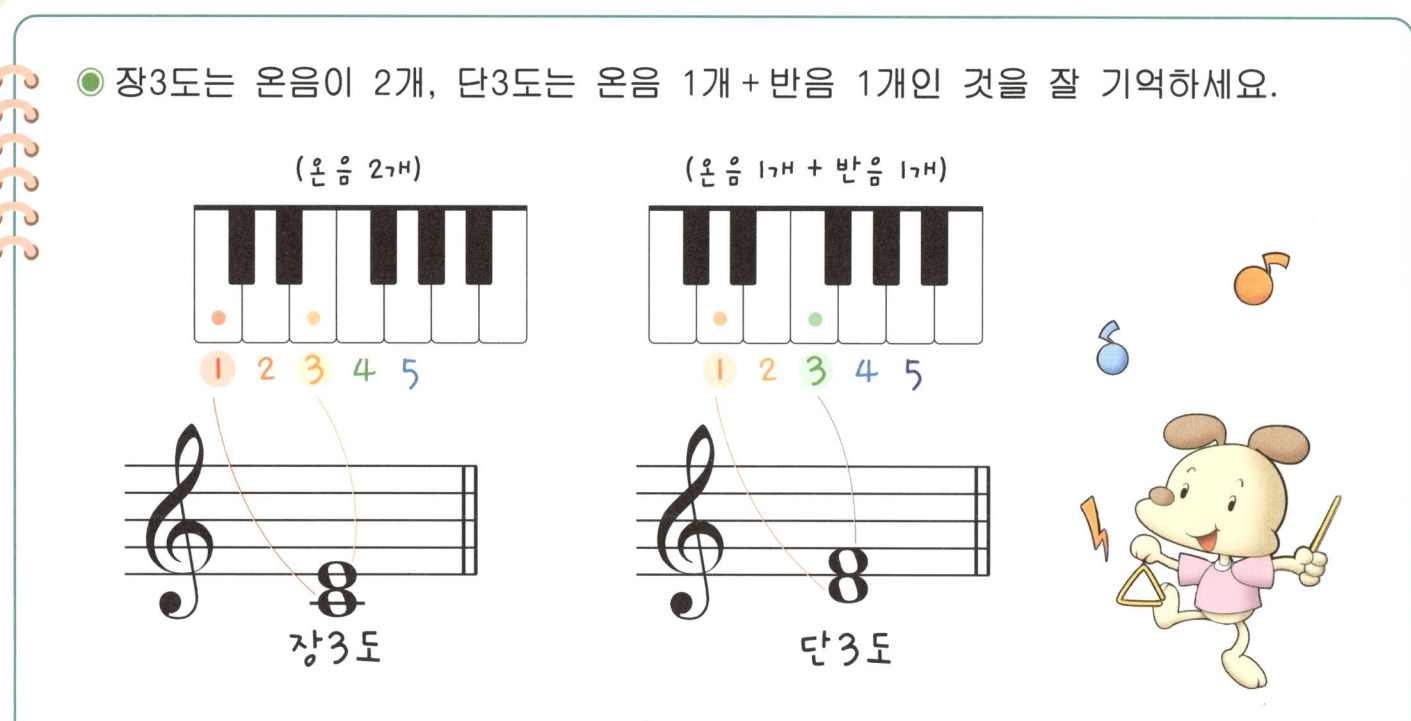

(온음 2개)   (온음 1개 + 반음 1개)

1 2 3 4 5   1 2 3 4 5

장3도   단3도

미–파, 시–도 는 반음입니다.

3도 음정이 장3도면 장, 단3도면 단이라고 써 보세요.

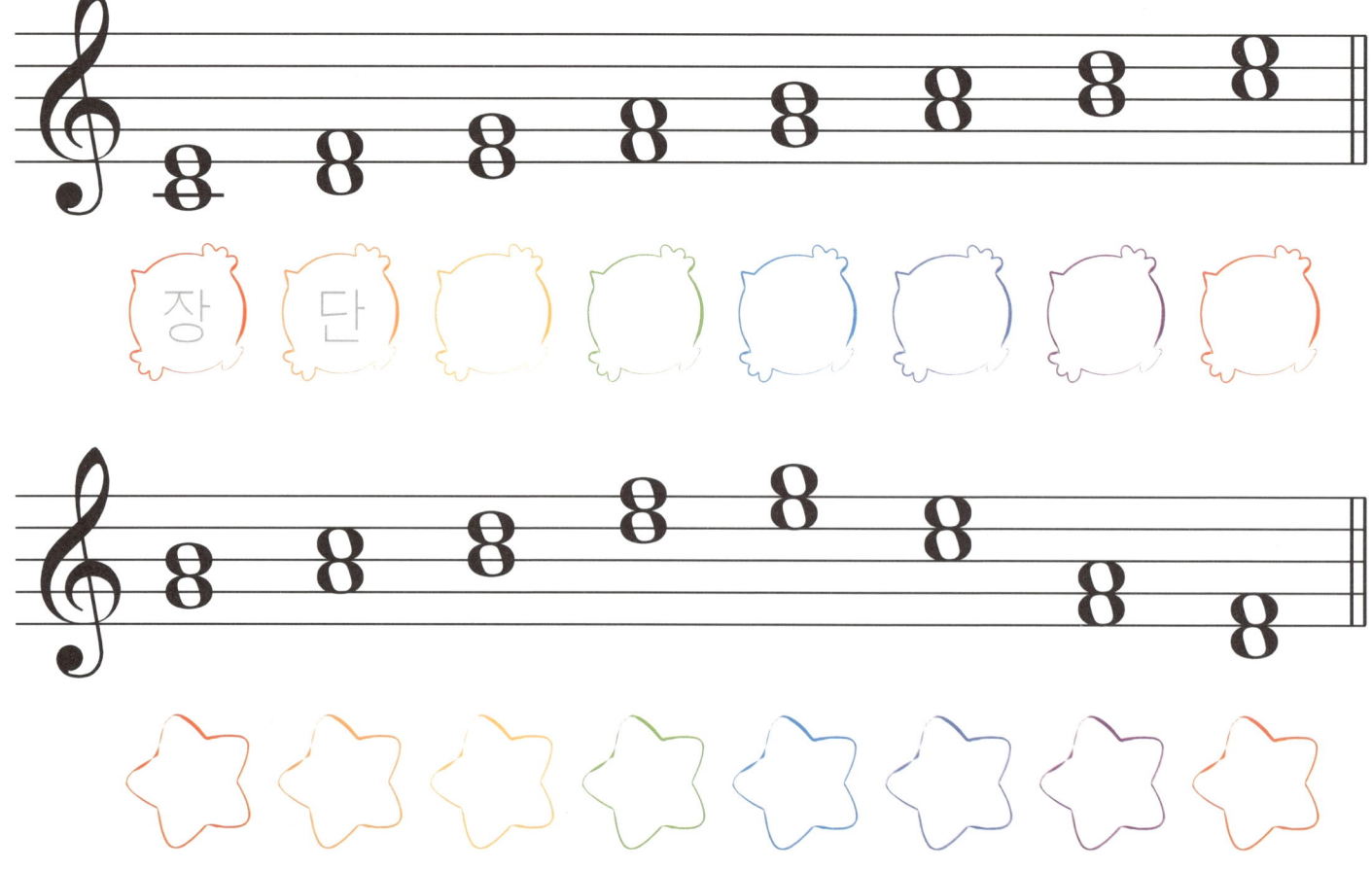

장   단

● 장3화음(메이저 코드)와 단3화음(마이너 코드)를 잘 기억하세요.

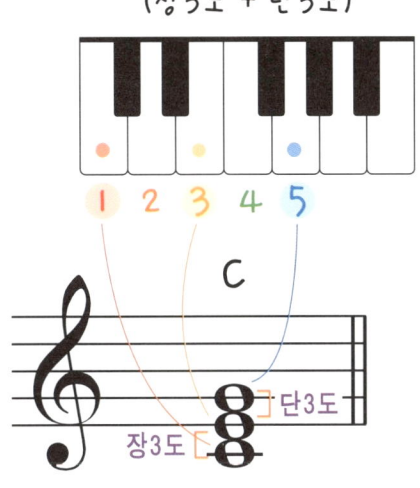

장3화음(메이저 코드)

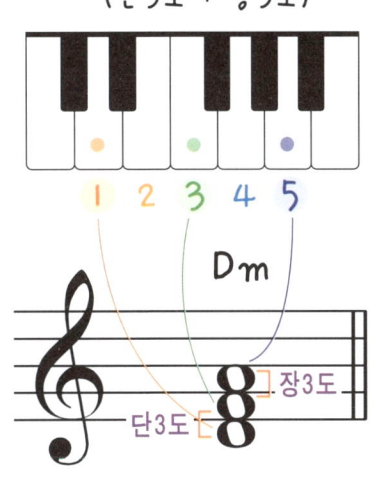

단3화음(마이너 코드)

 3화음의 계이름을 읽고 코드를 따라서 써 보세요.

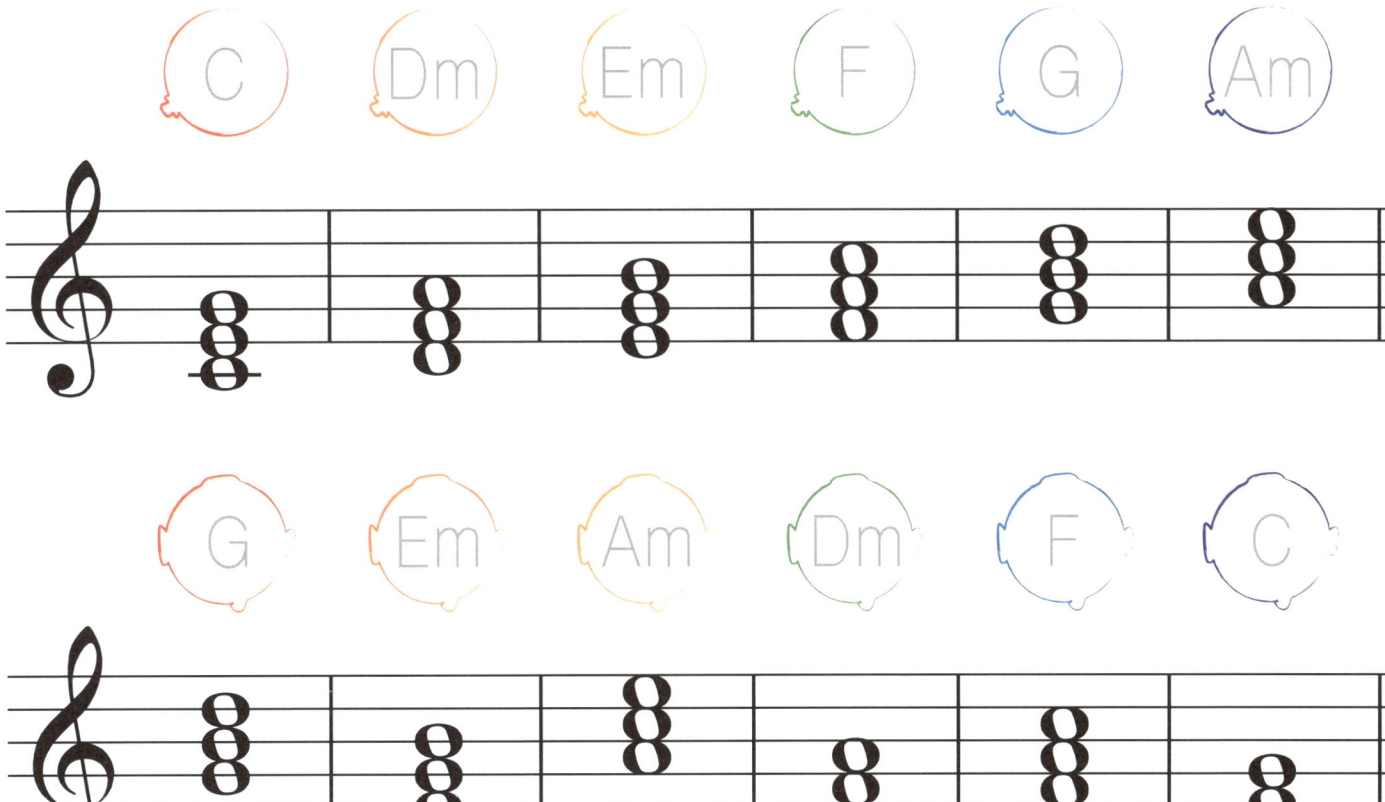

룰루랄라
계이름 공부

월   일

● 임시표가 붙은 장3화음과 단3화음을 잘 확인하세요.

장3화음

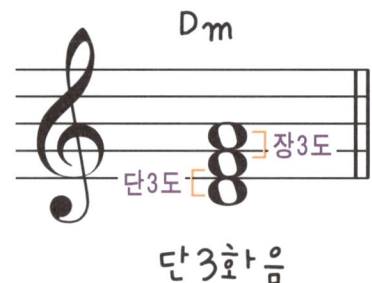

단3화음

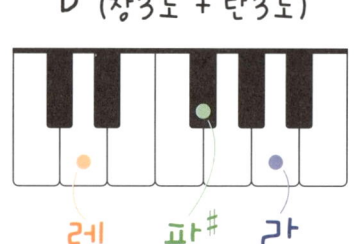

레   파#   라

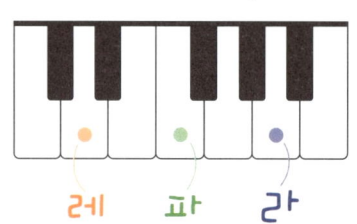

레   파   라

3화음의 **계이름**을 읽고 **코드**를 따라서 써 보세요.

Dm   Em   Am   D   E

A   B♭   Bm   B   Cm

● 장3화음의 3음을 반음 내리면 단3화음이 되고, 단3화음의 3음을 반음 올리면 장3화음이 됩니다.

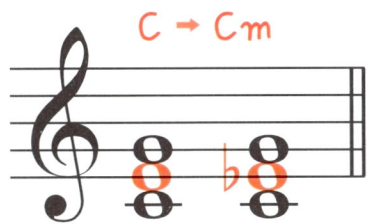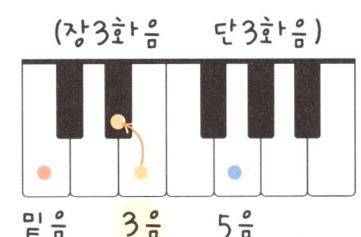

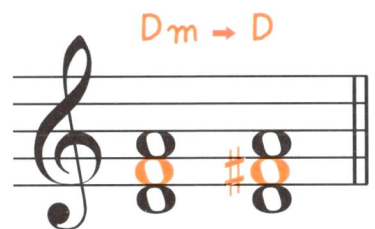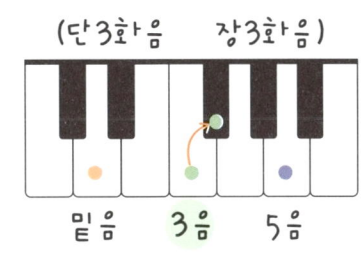

3화음과 코드를 따라서 그리고, 써 보세요.

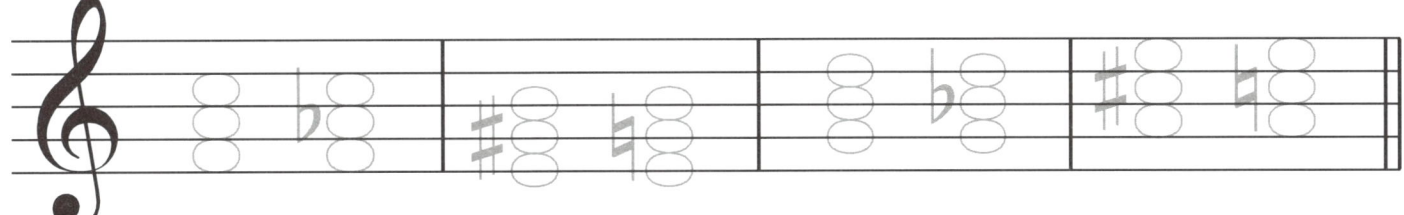

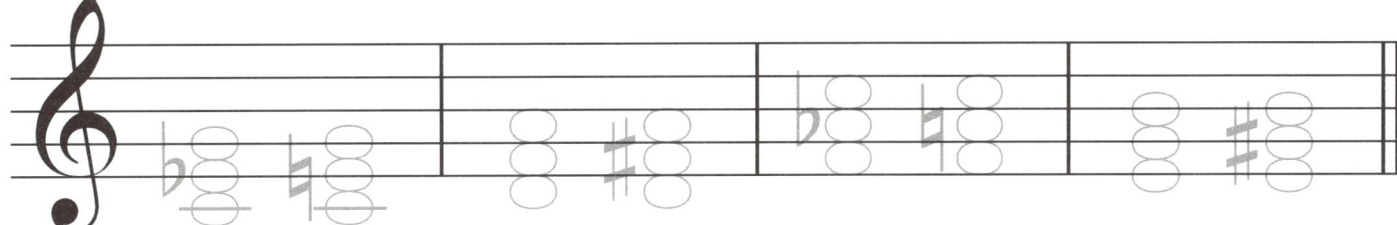

계이름 공부

 장3화음의 계이름을 읽고 코드를 써 보세요.

C   D

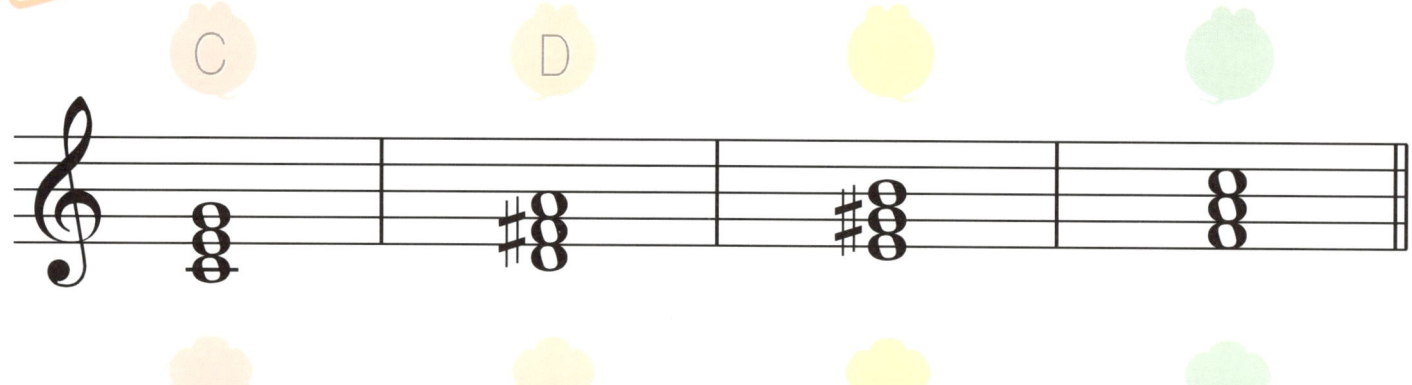

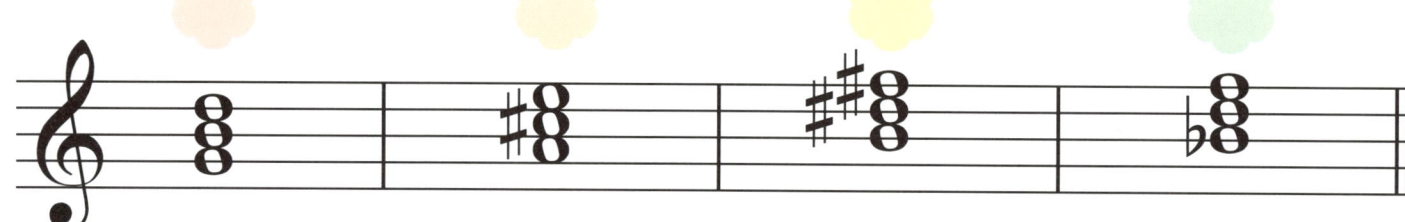

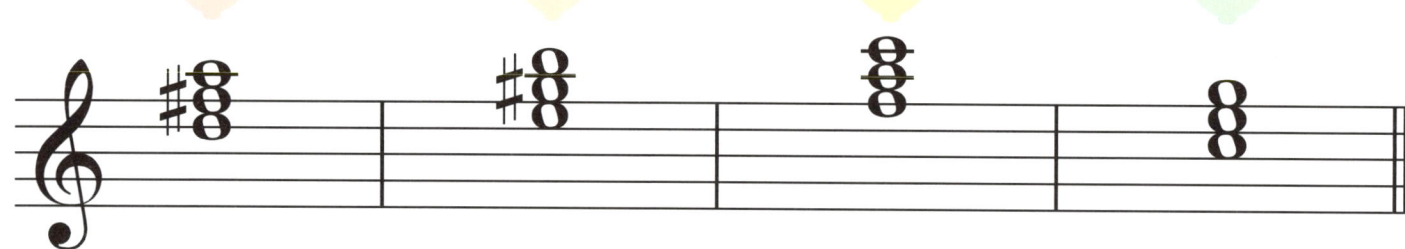

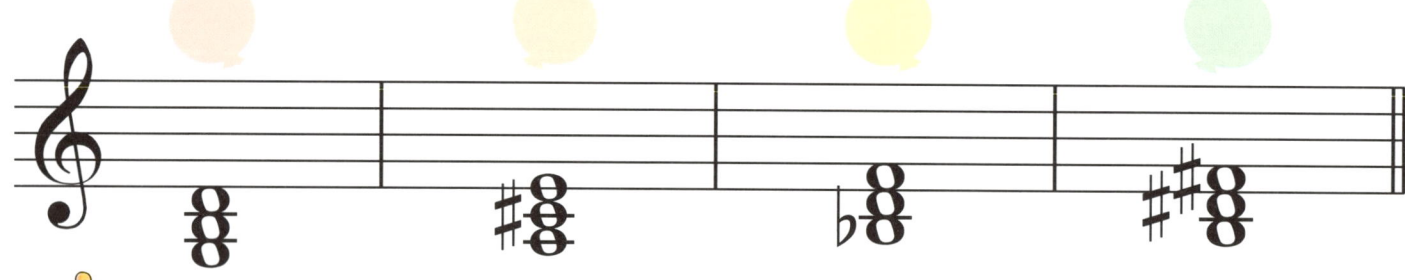

룰루랄라 기초 이론

코드를 보고 장3화음의 계이름을 써 보세요.

C 도미솔,   D 레파#라,   E 미솔#시,   F 파라도

C   D   E   F

C   D   E   F

 장3화음의 계이름을 읽고 코드를 써 보세요.

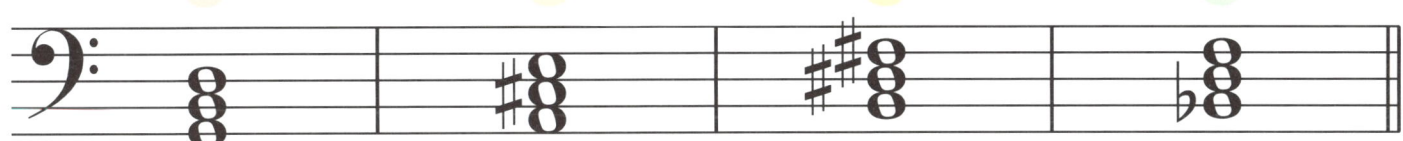

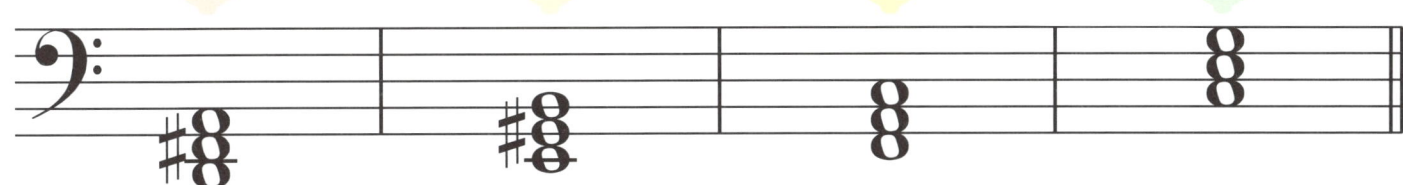

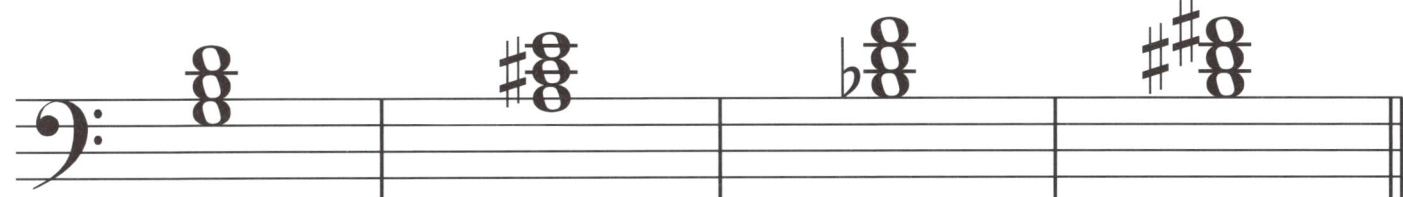

룰루랄라 기초 이론

코드를 보고 장3화음의 계이름을 써 보세요.

G 솔시레, A 라도#미, B♭ 시♭레파, B 시레#파#

G   A   B♭   B

G   A   B♭   B

 장3화음의 **계이름**을 읽고 **코드**를 써 보세요.

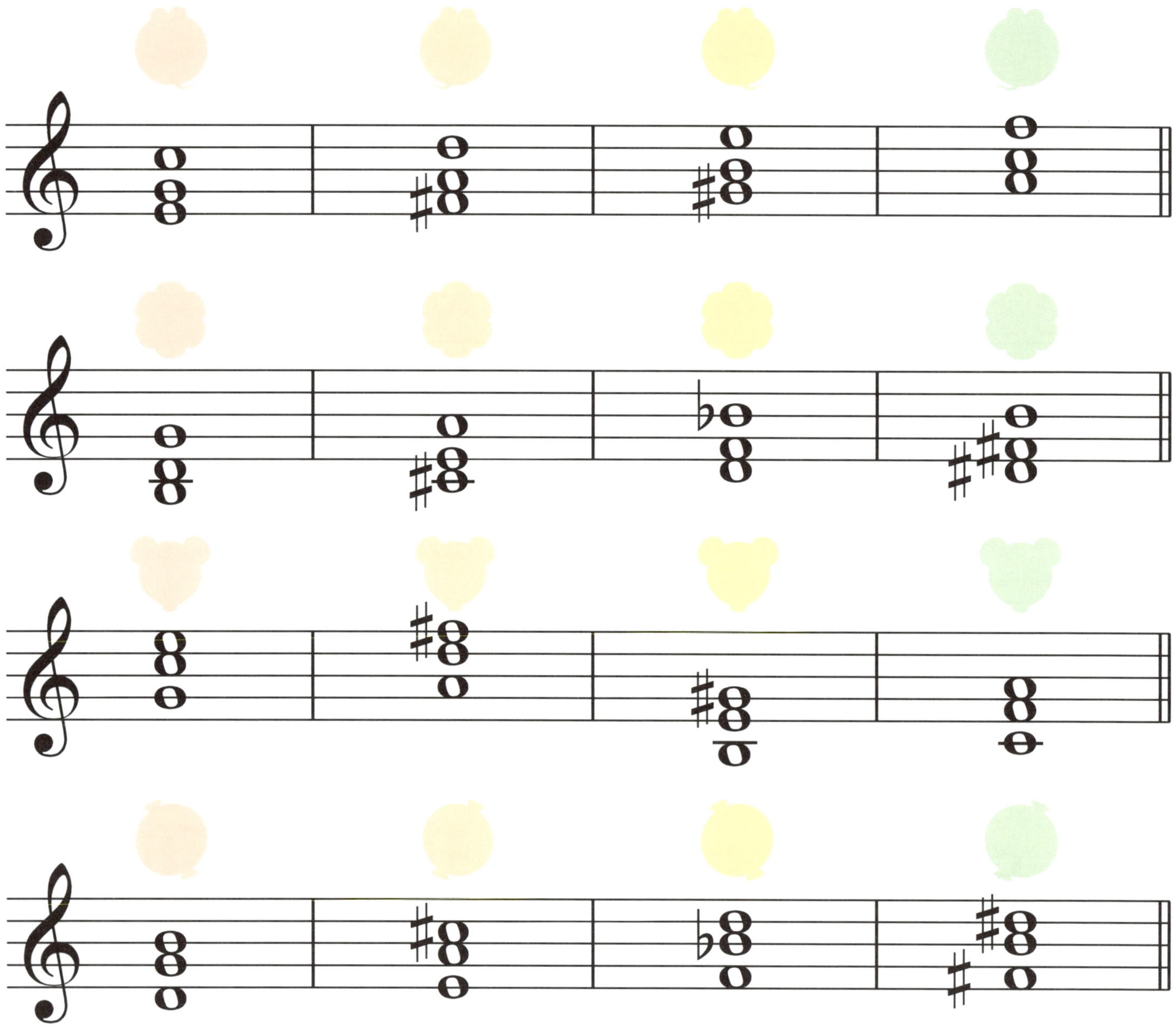

룰루랄라 기초 이론

코드를 보고 **장3화음**의 계이름을 써 보세요.

C 도미솔,   D 레파♯라,   E 미솔♯시,   F 파라도

C   D   E   F

C   D   E   F

 장3화음의 **계이름**을 읽고 **코드**를 써 보세요.

룰루랄라 기초 이론

코드를 보고 **장3화음**의 계이름을 써 보세요.

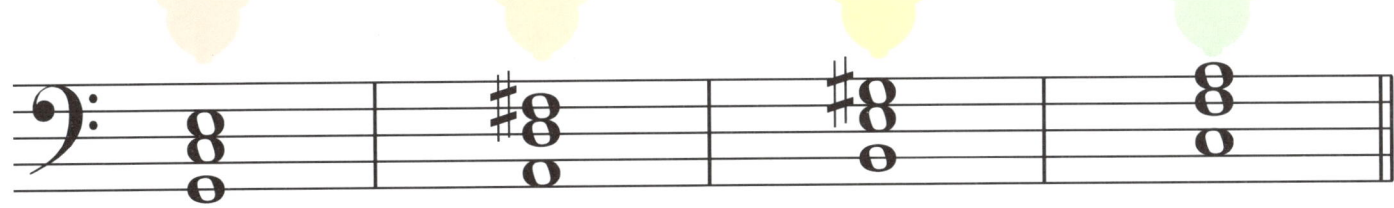

G 솔시레, A 라도♯미, B♭ 시♭레파, B 시레♯파♯

G   A   B♭   B

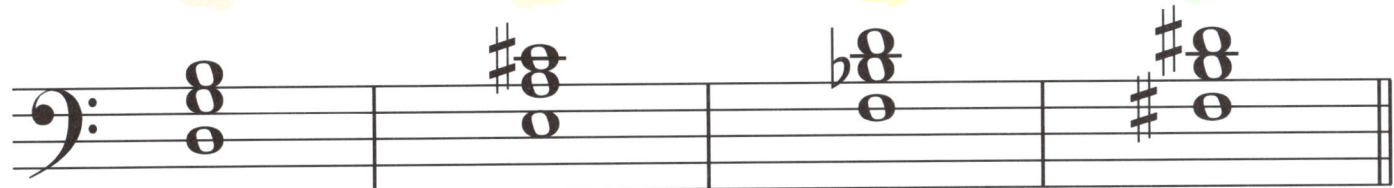

G   A   B♭   B

 단3화음의 계이름을 읽고 코드를 써 보세요.

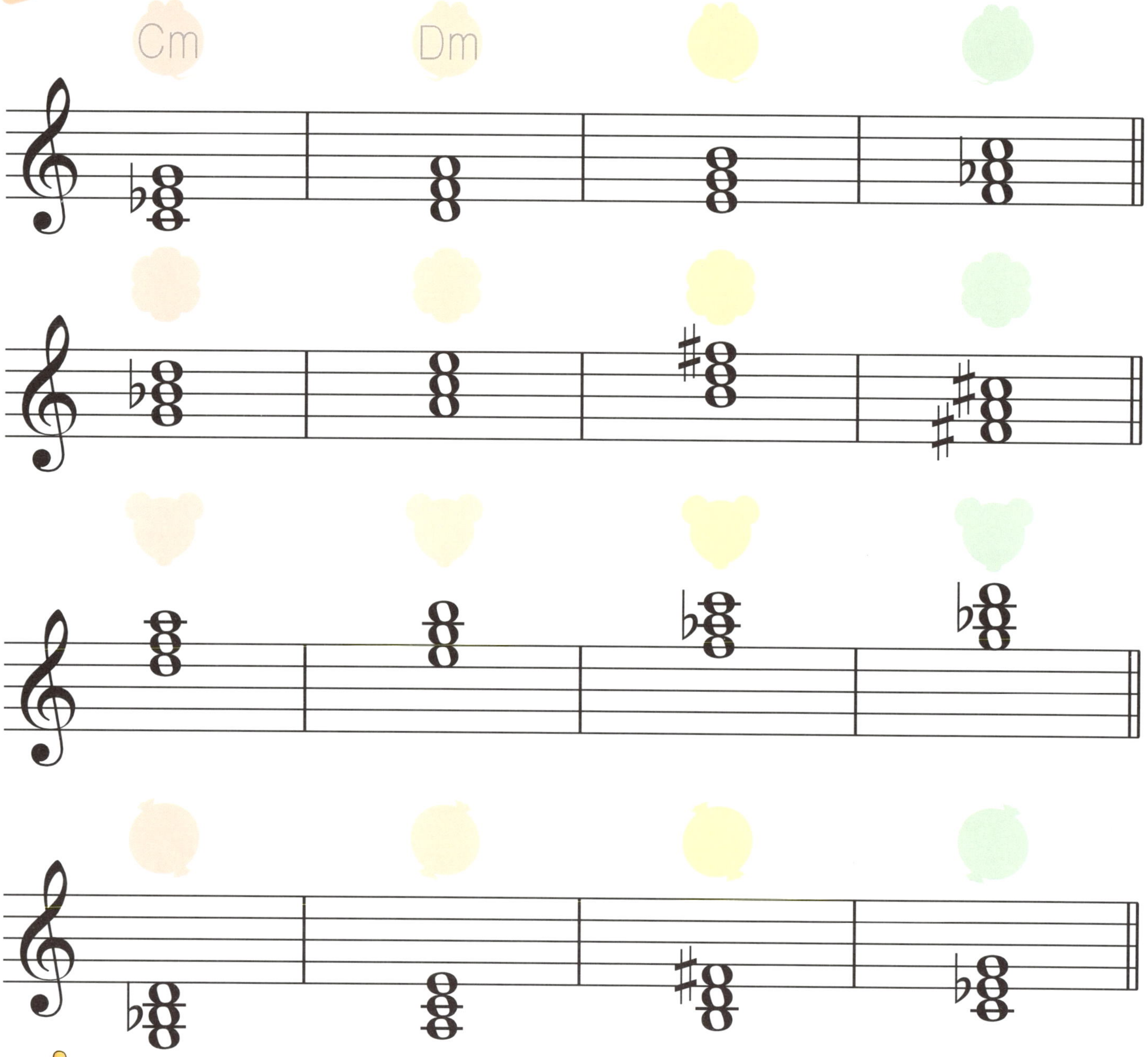

Cm   Dm

룰루랄라 기초 이론

코드를 보고 단3화음의 계이름을 써 보세요.

Cm 도미♭솔, Dm 레파라, Em 미솔시, Fm 파라♭도

Cm   Dm   Em   Fm

Cm   Dm   Em   Fm

계이름을 익히면 피아노가 즐거워요!

단3화음의 계이름을 읽고 코드를 써 보세요.

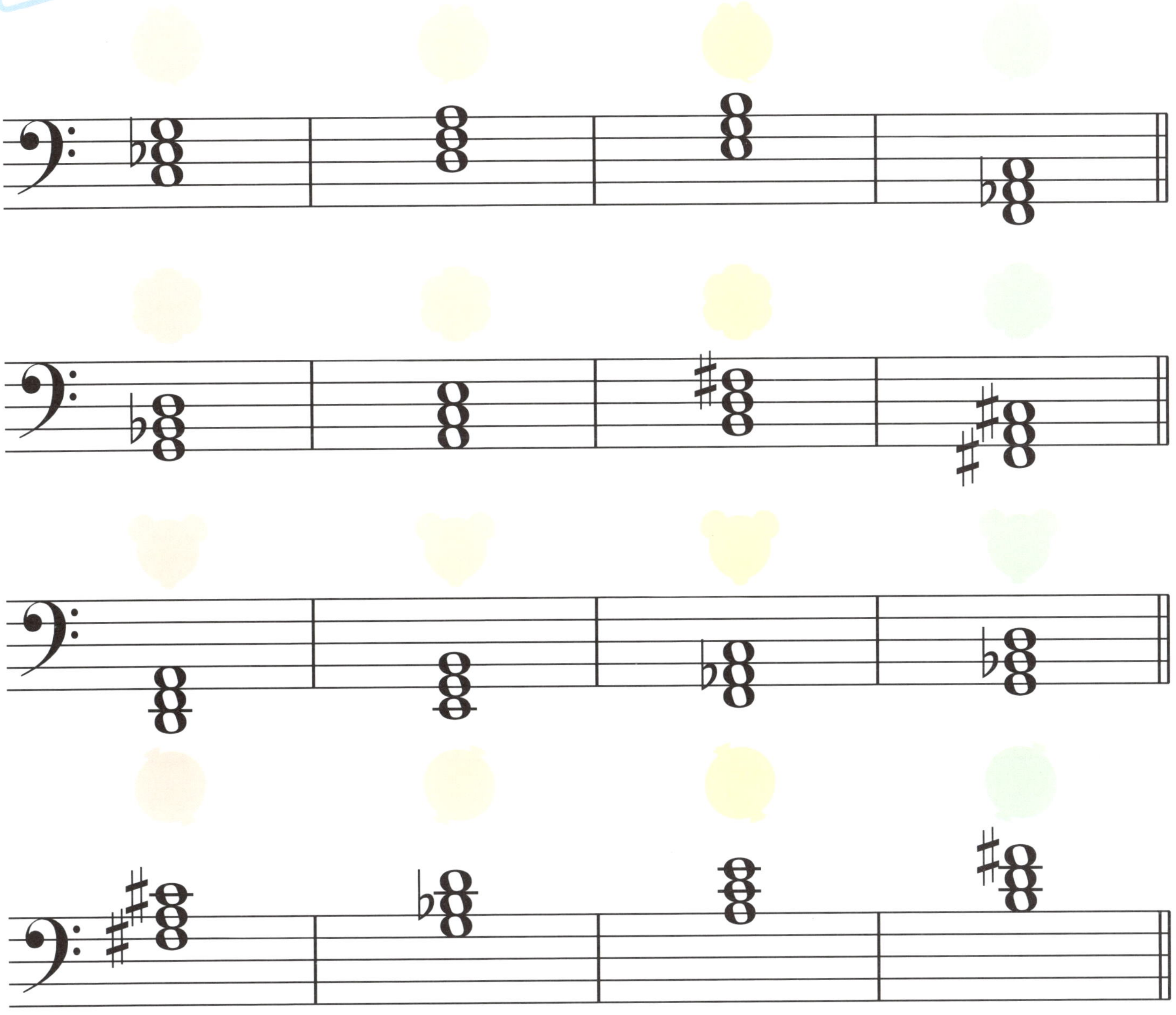

룰루랄라 기초 이론

코드를 보고 단3화음의 계이름을 써 보세요.

F♯m 파♯라도♯, Gm 솔시♭레, Am 라도미, Bm 시레파♯

F♯m Gm Am Bm

F♯m Gm Am Bm

 단3화음의 **계이름**을 읽고 **코드**를 써 보세요.

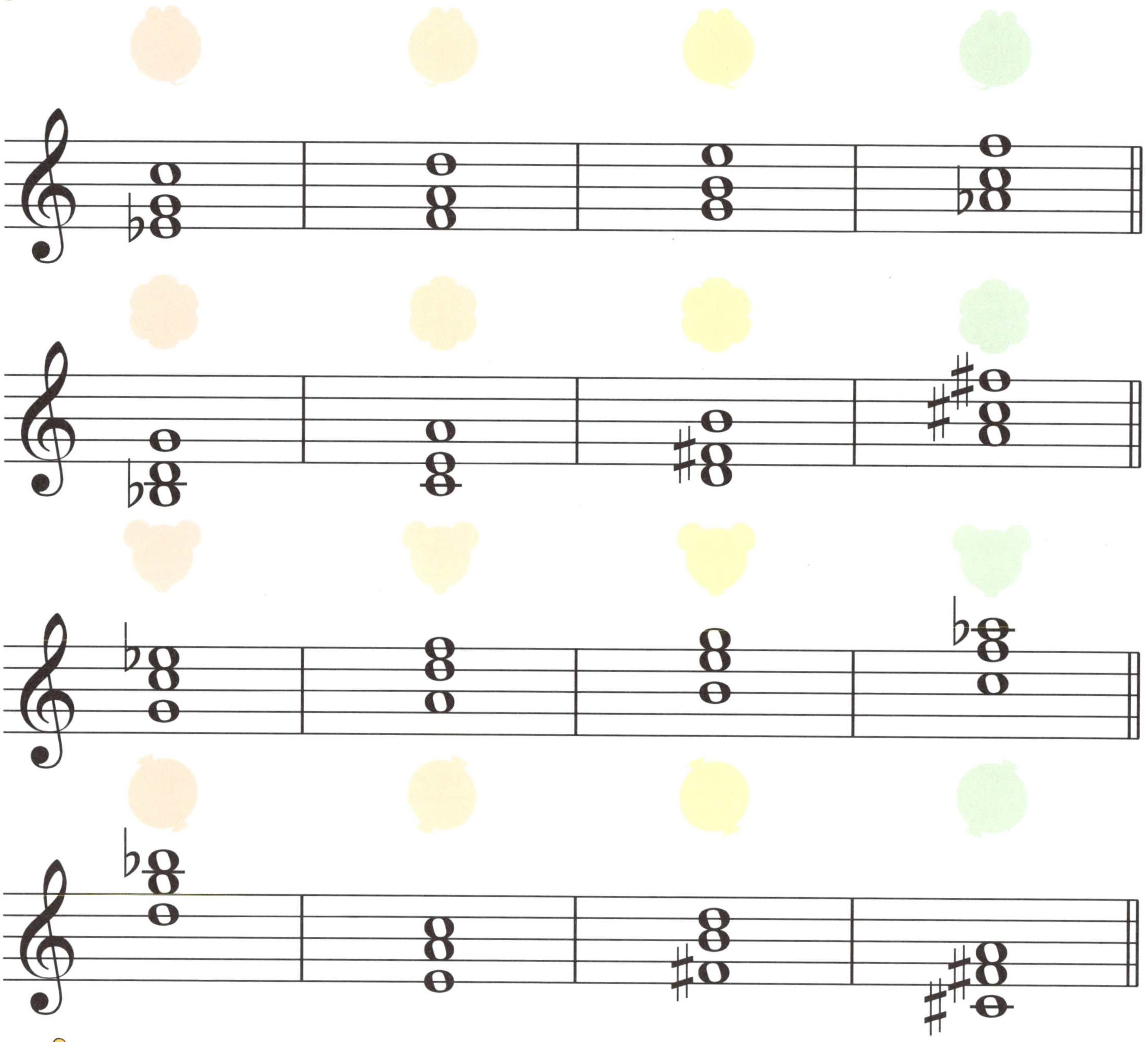

룰루랄라 기초 이론

코드를 보고 **단3화음**의 계이름을 써 보세요.

Cm 도미♭솔, Dm 레파라, Em 미솔시, Fm 파라♭도

Cm	Dm	Em	Fm
Cm	Dm	Em	Fm

 단3화음의 **계이름**을 읽고 **코드**를 써 보세요.

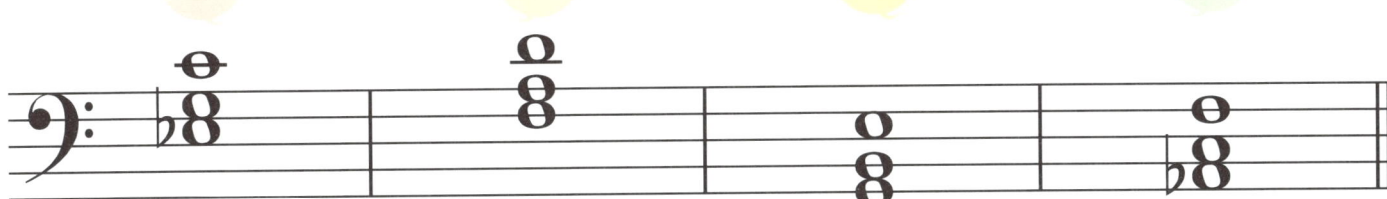

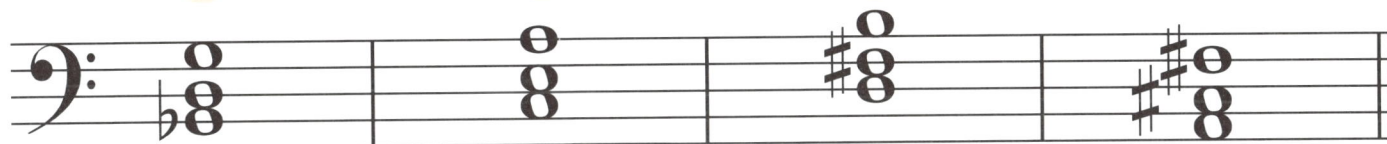

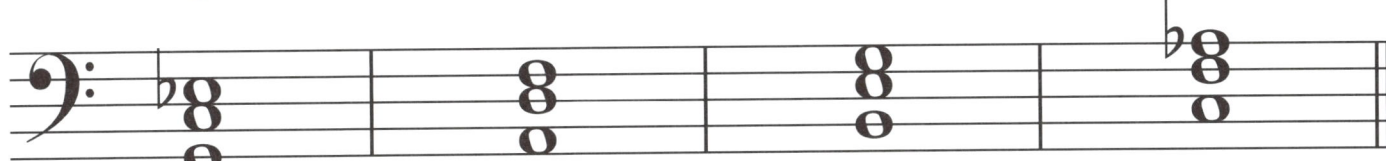

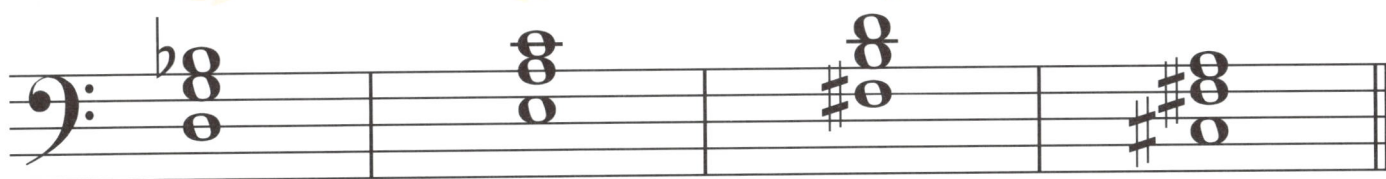

 룰루랄라 기초 이론

코드를 보고 **단3화음**의 계이름을 써 보세요.

F#m 파#라도#, Gm 솔시♭레, Am 라도미, Bm 시레파#

F#m	Gm	Am	Bm
F#m	Gm	Am	Bm

● 내림나장조 음계를 **고정도법** 계이름으로 잘 확인하세요.

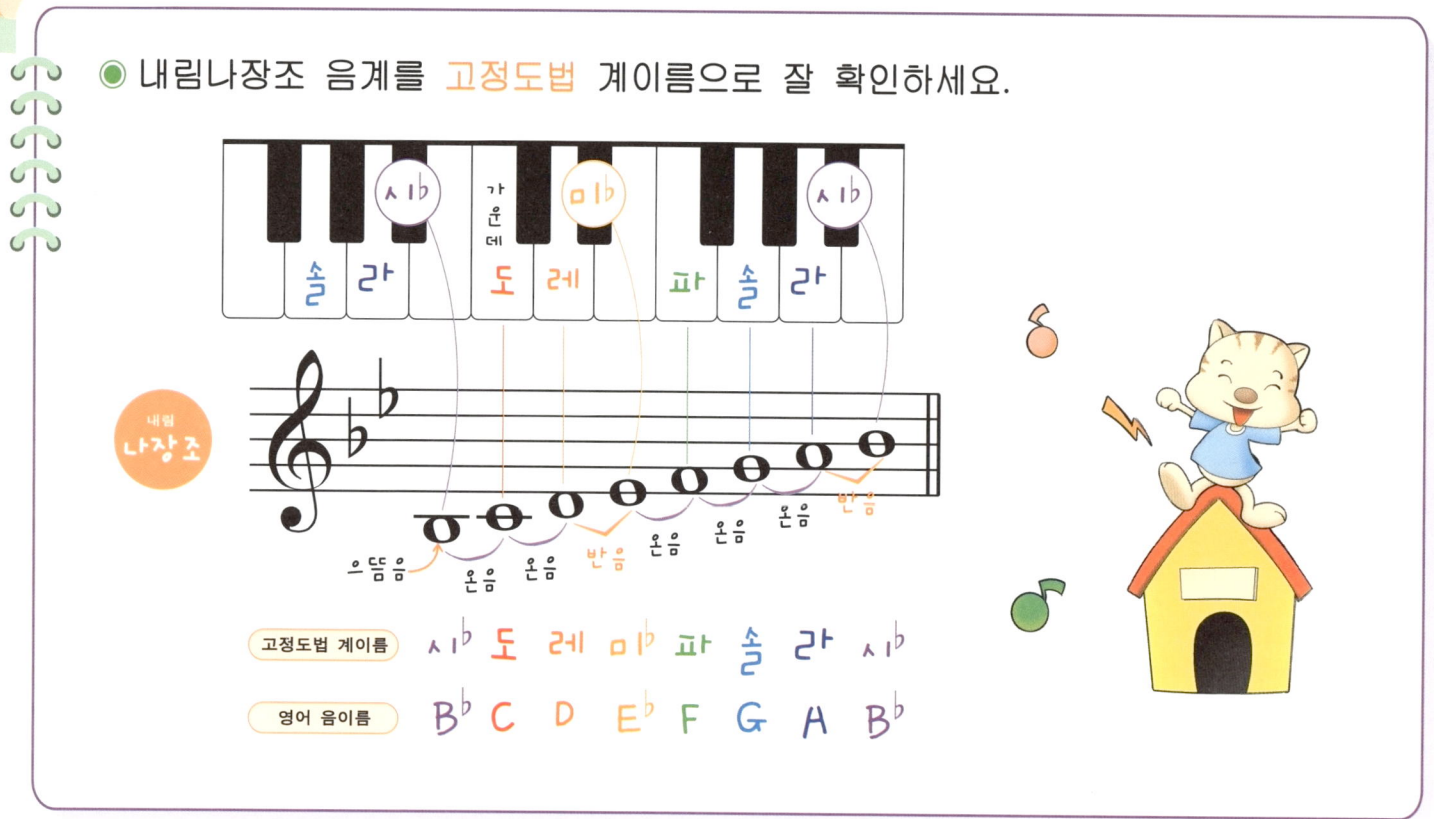

● **고정도법** 계이름으로 읽고, 따라서 써 보세요.

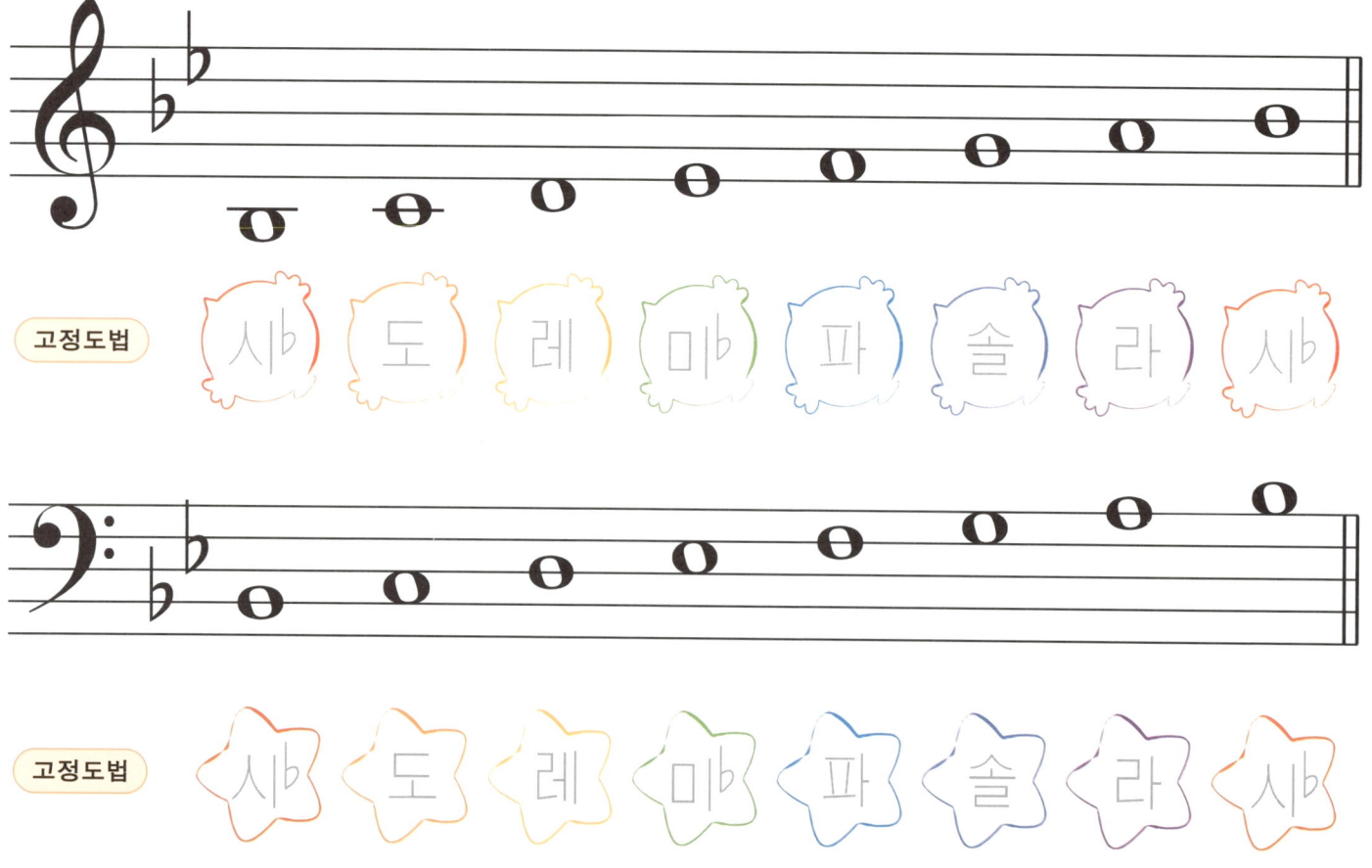

● 내림나장조 음계를 이동도법 계이름으로 잘 확인하세요.

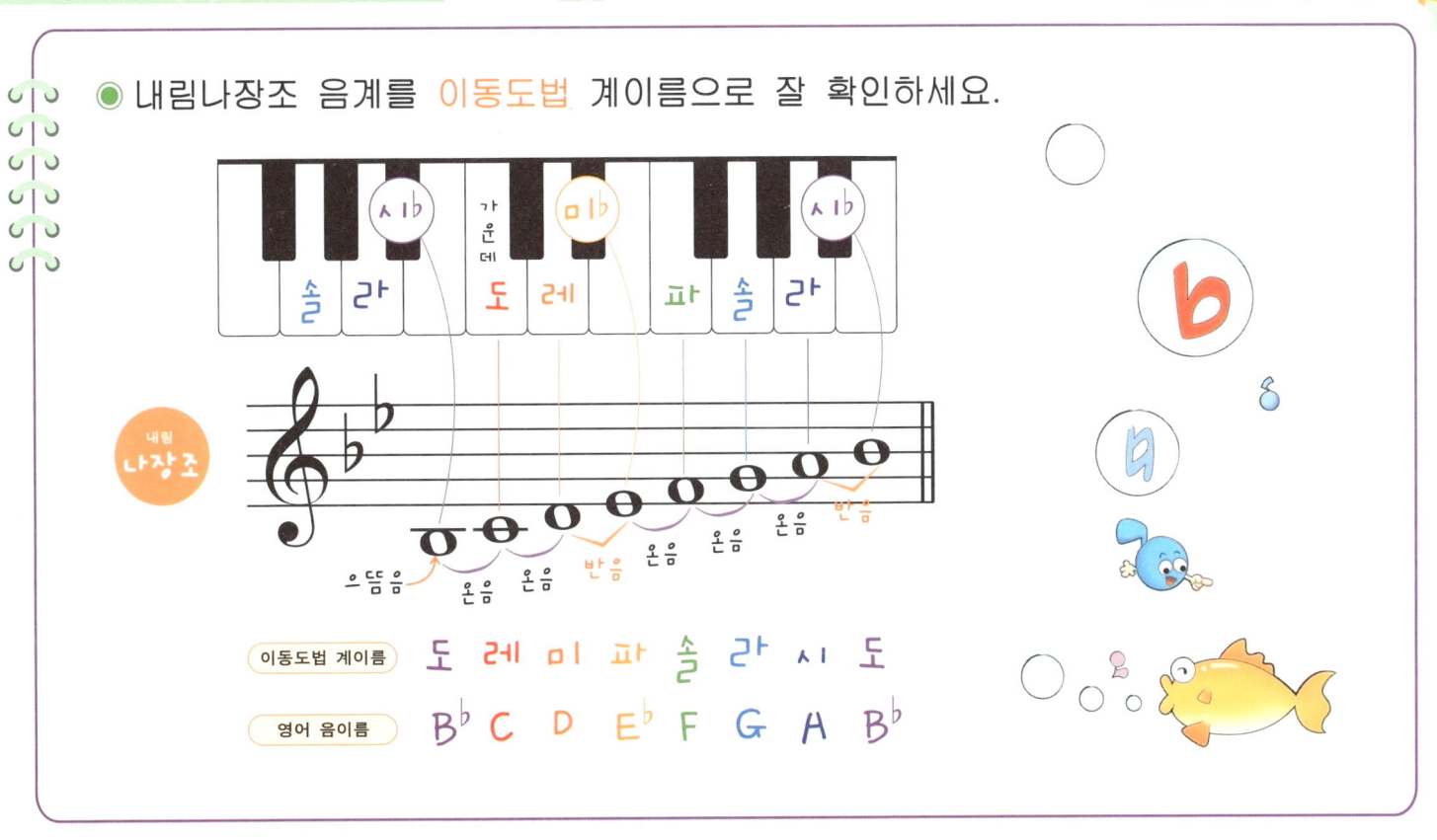

이동도법 계이름으로 읽고, 따라서 써 보세요.

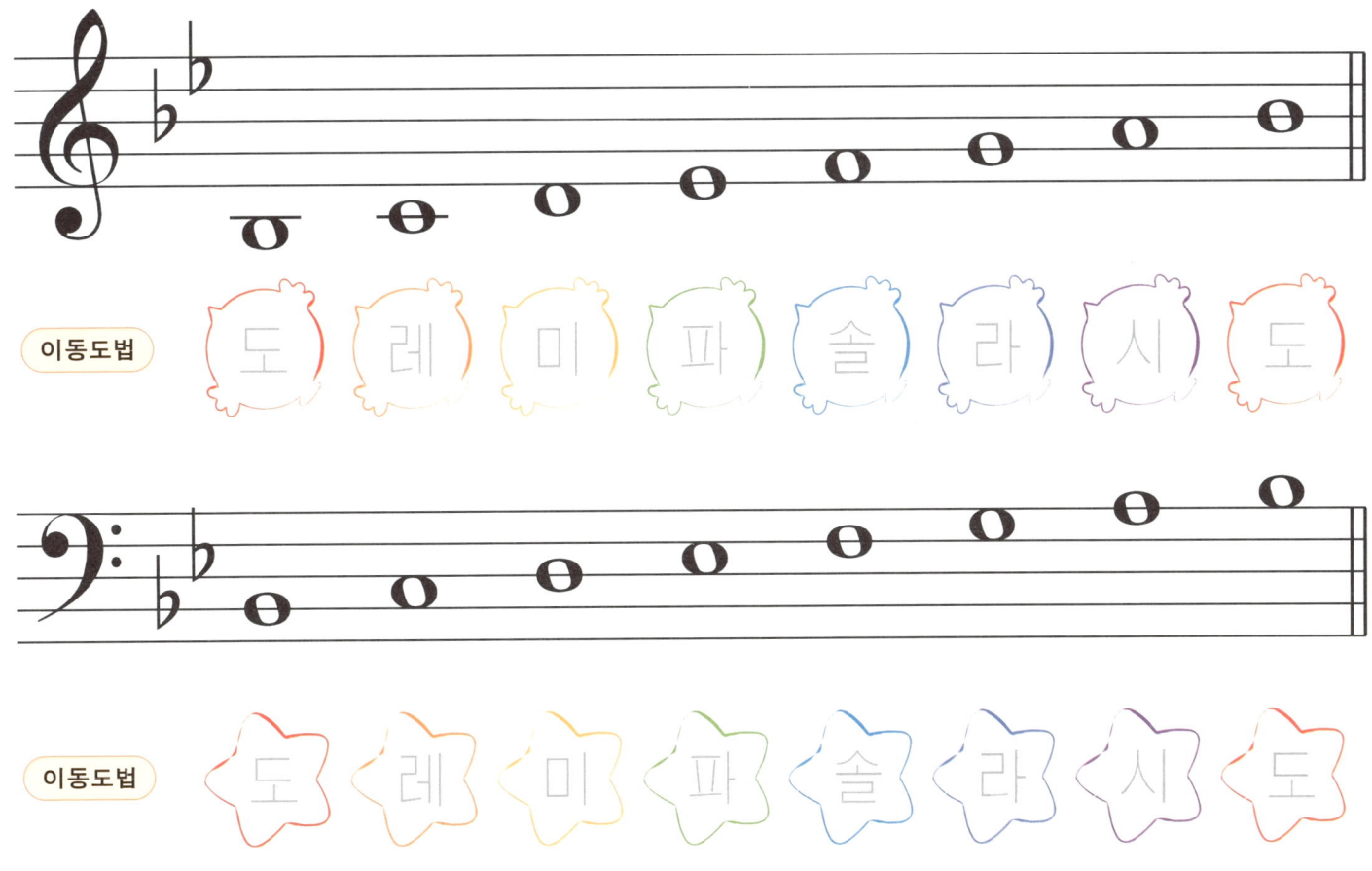

 내림나장조의 계이름을 고정도법으로 써 보세요.

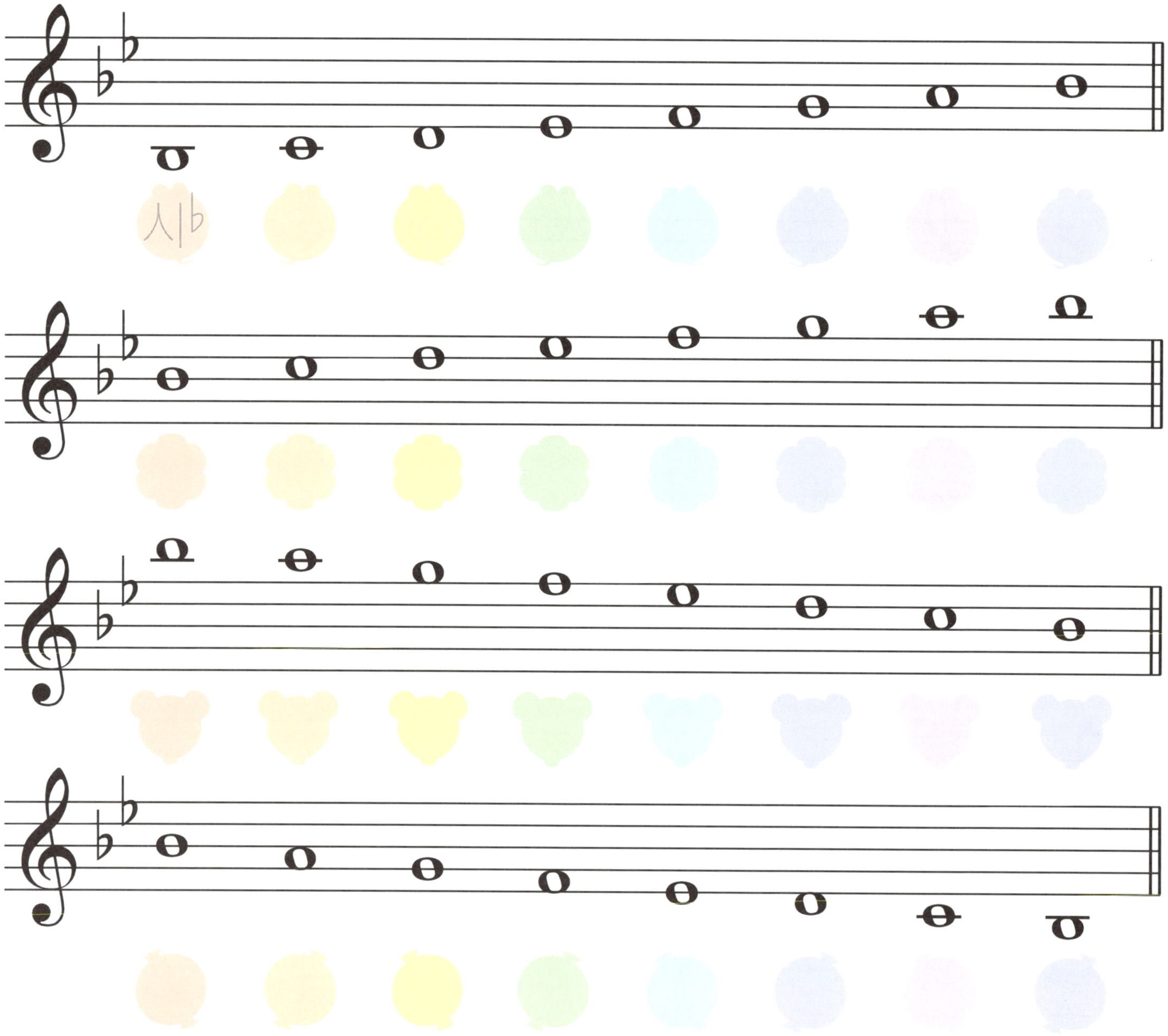

시♭

룰루랄라 기초 이론

내림나장조의 조표와 으뜸음을 그려 보세요.

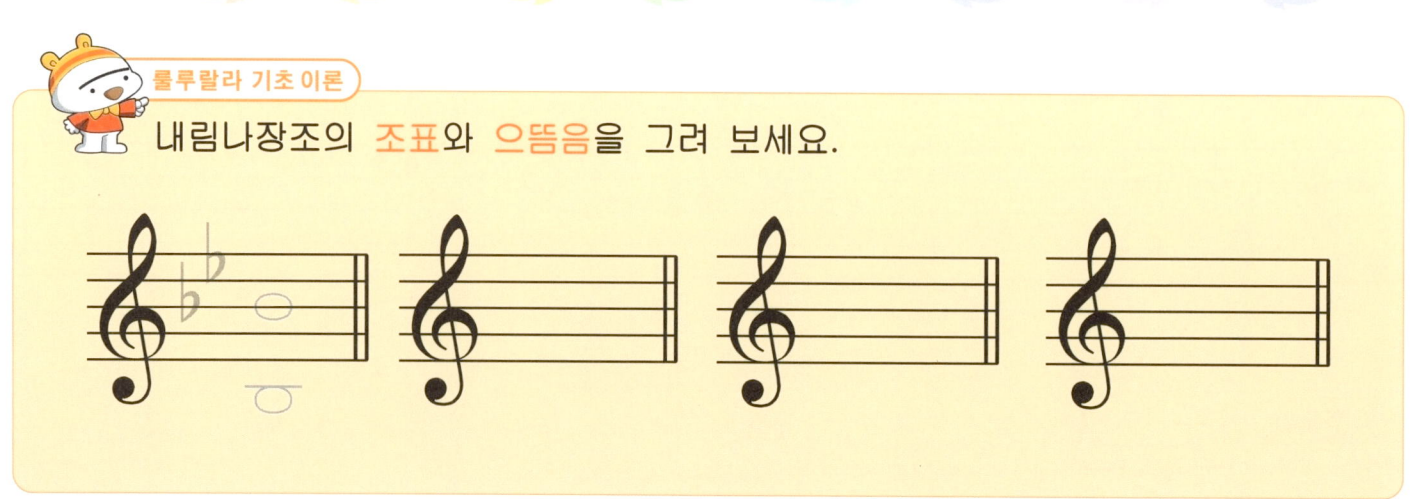

 내림나장조의 계이름을 고정도법으로 써 보세요.

시♭

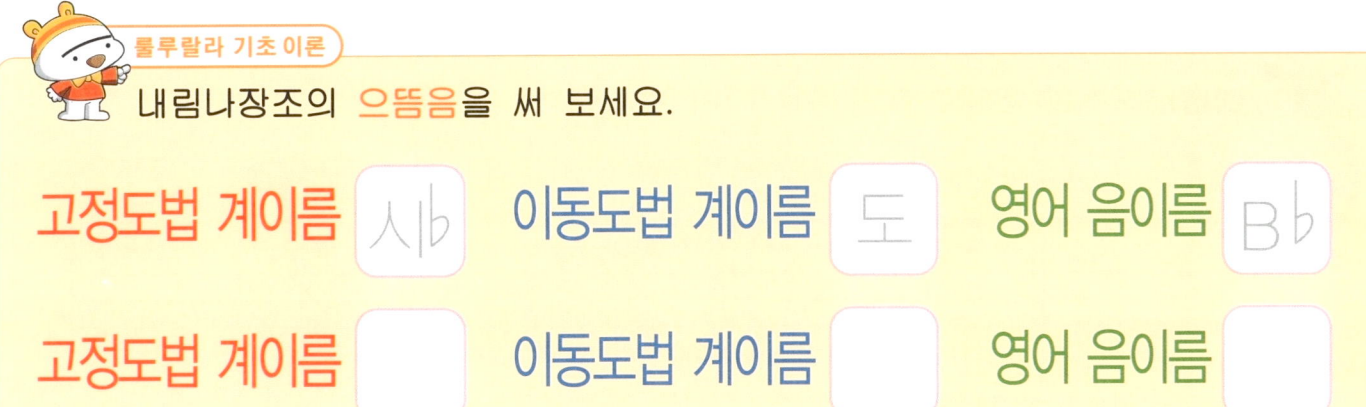

룰루랄라 기초 이론

내림나장조의 으뜸음을 써 보세요.

고정도법 계이름	시♭	이동도법 계이름	도	영어 음이름	B♭
고정도법 계이름		이동도법 계이름		영어 음이름	

 내림나장조의 계이름을 **이동도법**으로 써 보세요.

도

룰루랄라 기초 이론

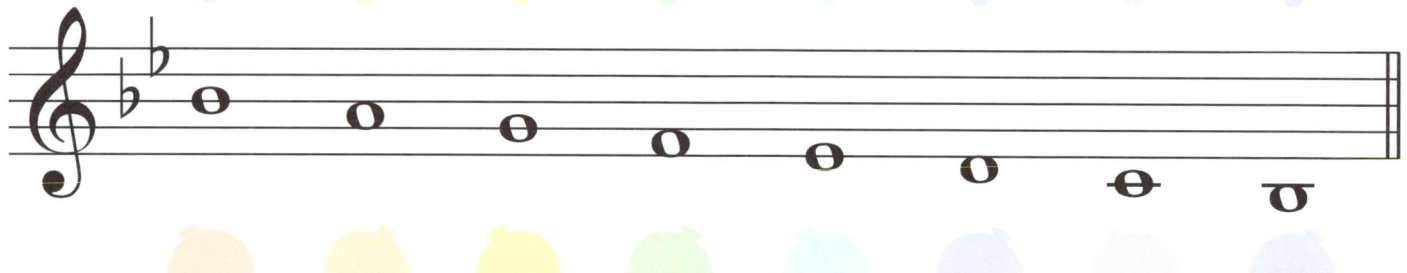

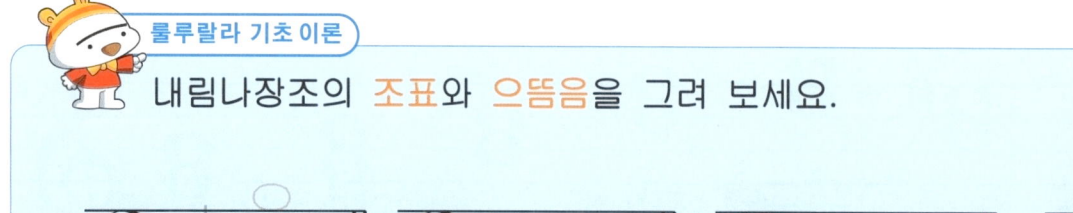
내림나장조의 **조표**와 **으뜸음**을 그려 보세요.

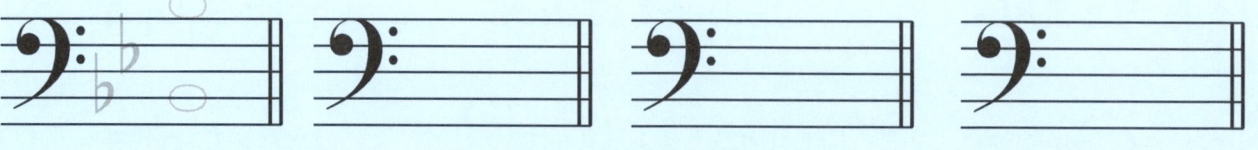

 내림나장조의 계이름을 이동도법으로 써 보세요.

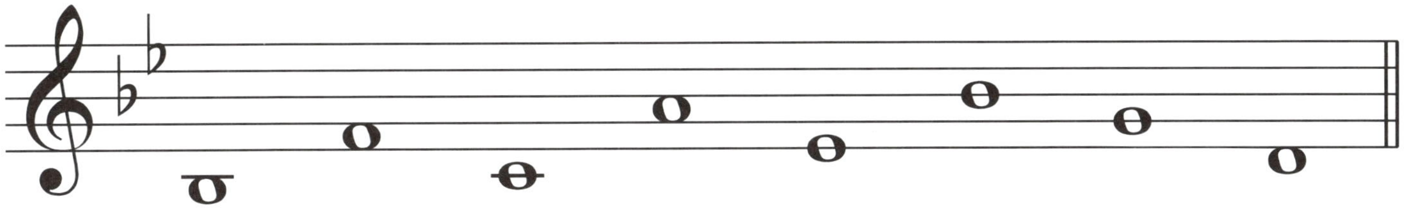

도

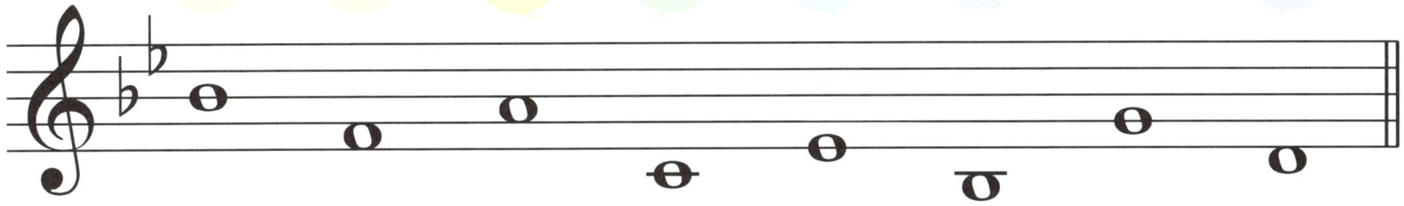

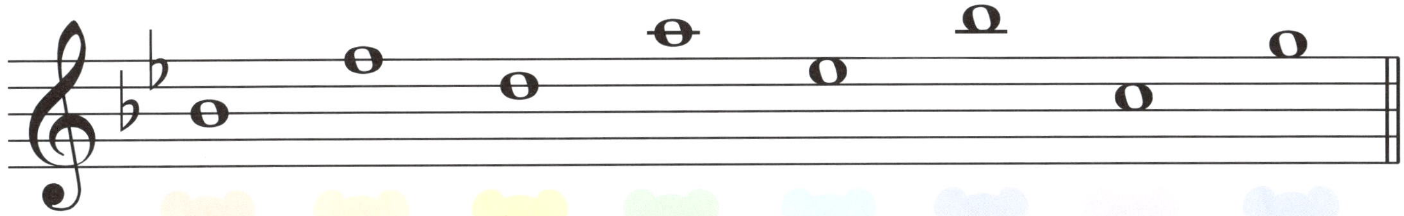

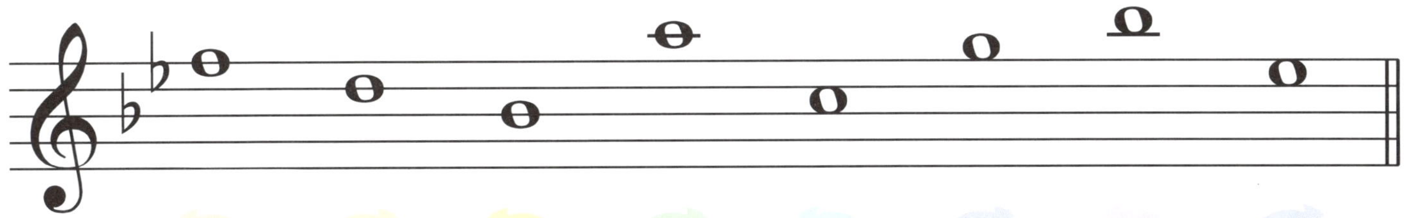

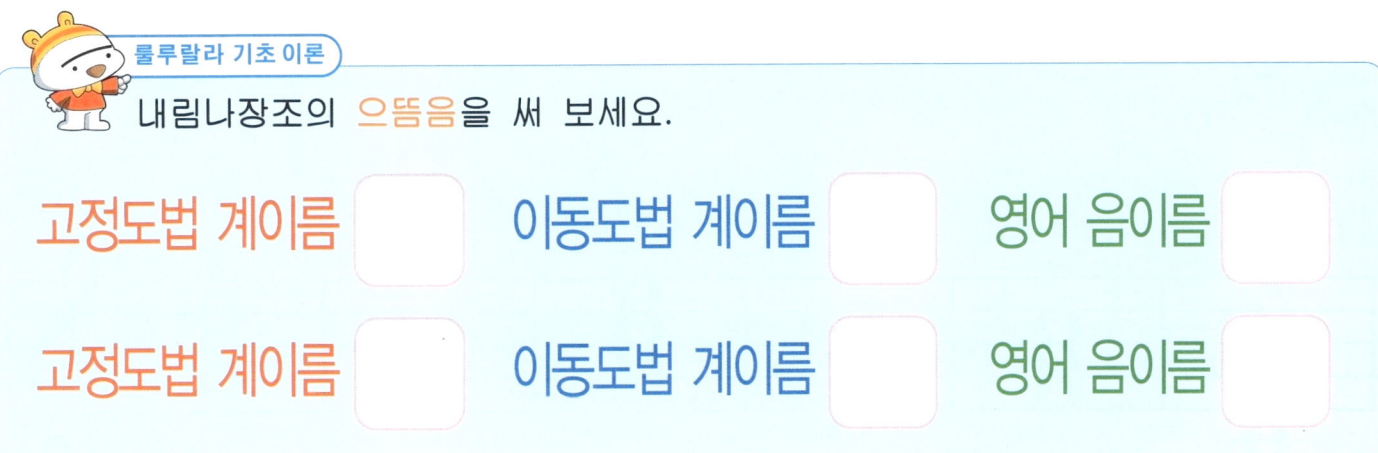

내림나장조의 으뜸음을 써 보세요.

고정도법 계이름		이동도법 계이름		영어 음이름	
고정도법 계이름		이동도법 계이름		영어 음이름	

룰루랄라
계이름 공부

월   일

● 내림나장조의 1, 4, 5번째 3화음이 **내림나장조 주요3화음**입니다.

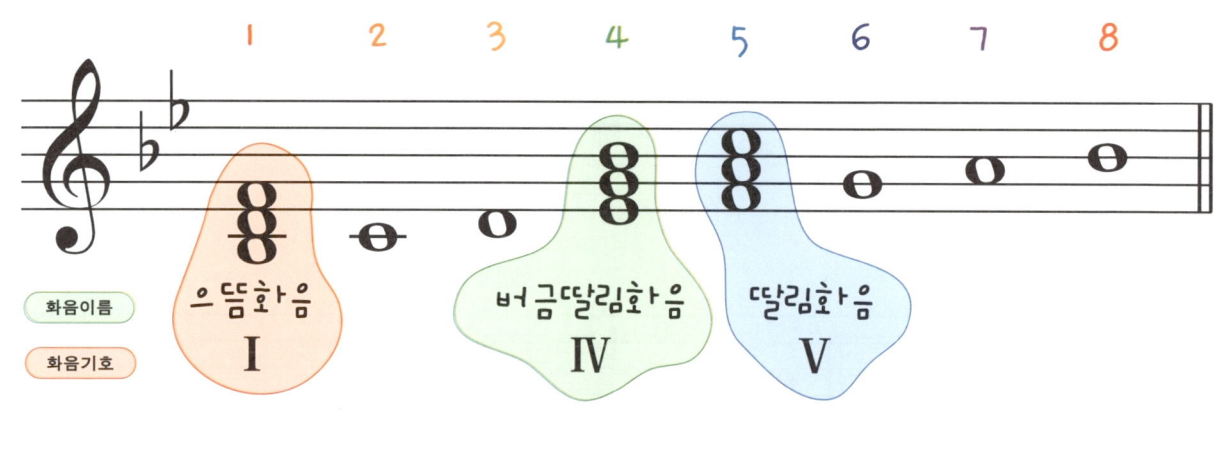

| | 1 | 2 | 3 | 4 | 5 | 6 | 7 | 8 |

화음이름 : 으뜸화음 I / 버금딸림화음 IV / 딸림화음 V

화음기호

따라서 그리고, 써 보세요.

내림나장조 주요3화음	계 이름	화음기호
 (악보)	이동도법 : 도 미 솔 고정도법 : 시♭ 레 파	I
 (악보)	이동도법 : 파 라 도 고정도법 : 미♭ 솔 시♭	IV
 (악보)	이동도법 : 솔 시 레 고정도법 : 파 라 도	V

● 낮은음자리보표에서 내림나장조 주요3화음을 잘 확인하세요.

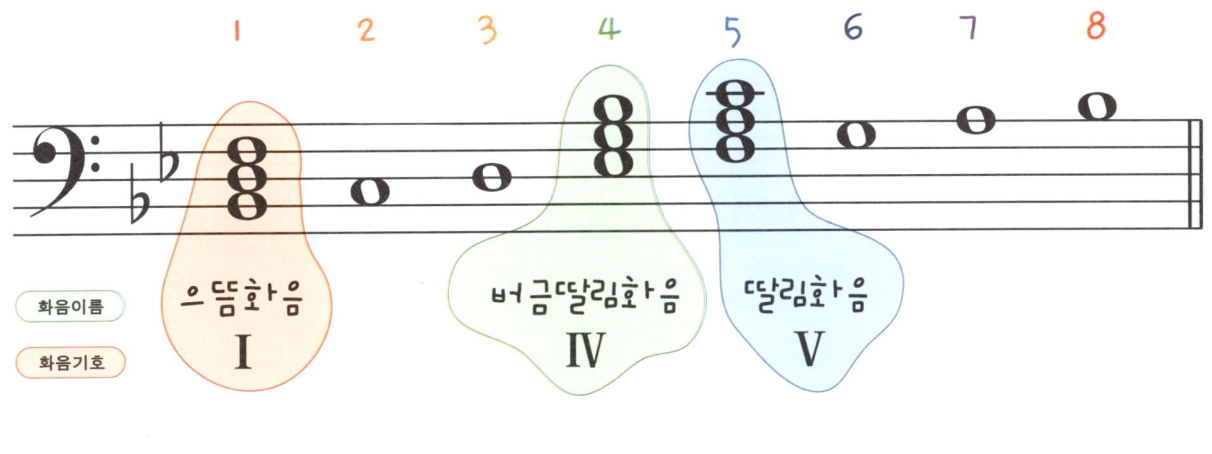

화음이름	으뜸화음	버금딸림화음	딸림화음
화음기호	I	IV	V

 따라서 그리고, 써 보세요.

내림나장조 주요3화음	계 이 름	화음기호
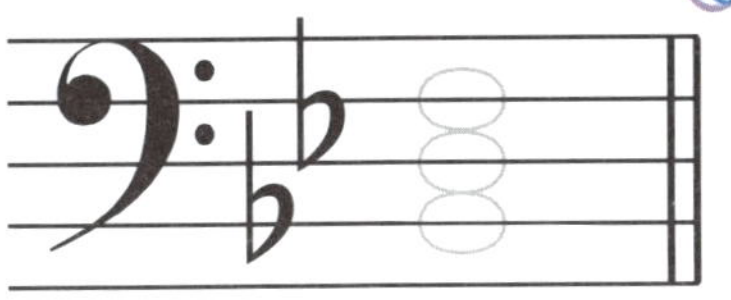 🎼	이동도법 : 도 미 솔 고정도법 : 시♭ 레 파	I
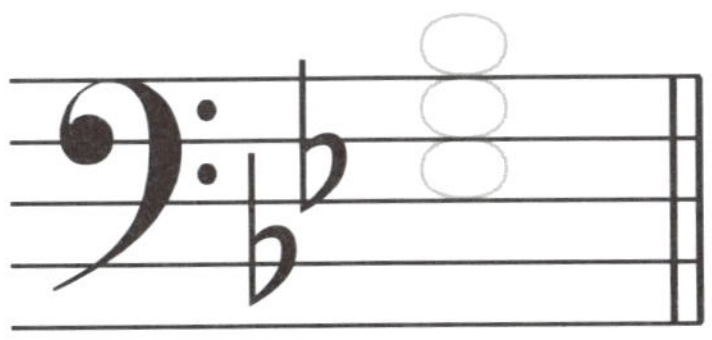 🎼	이동도법 : 파 라 도 고정도법 : 미♭ 솔 시♭	IV
 🎼	이동도법 : 솔 시 레 고정도법 : 파 라 도	V

룰루랄라
계이름 공부

월   일

● 높은음자리보표에서 내림나장조 주요3화음을 잘 기억하세요.

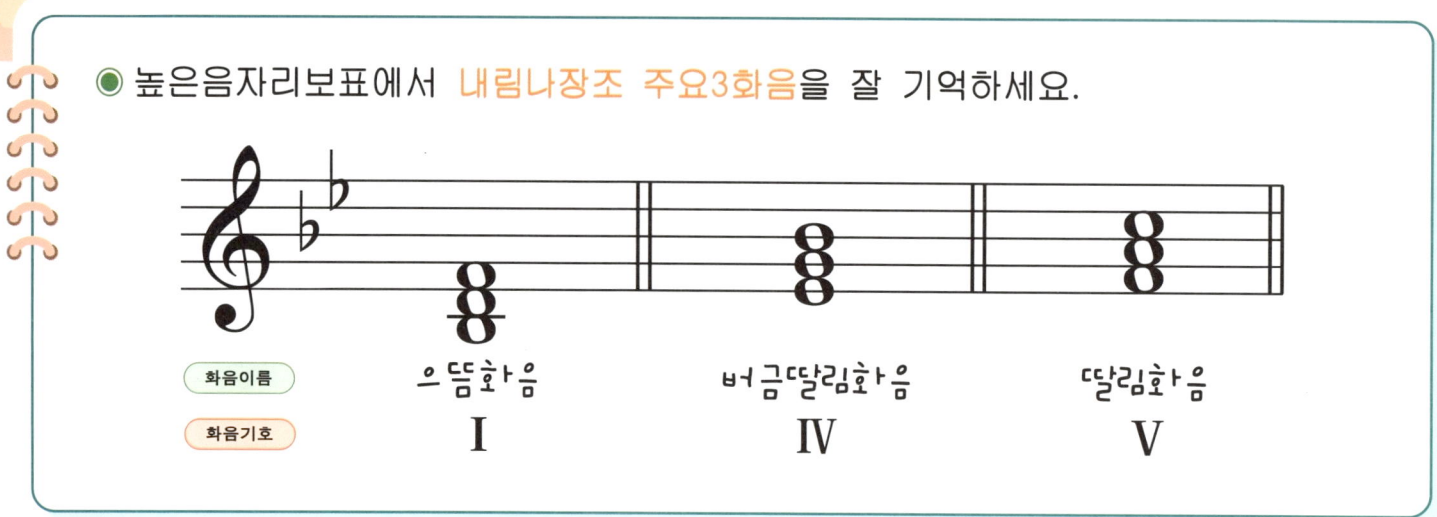

화음이름	으뜸화음	버금딸림화음	딸림화음
화음기호	I	IV	V

내림나장조 주요3화음의 자리바꿈형을 따라서 그리고, 써 보세요.

기 본 형   첫째 자리바꿈형   둘째 자리바꿈형

으뜸화음
I

시b레파   레파시b   파시b레

버금딸림화음
IV

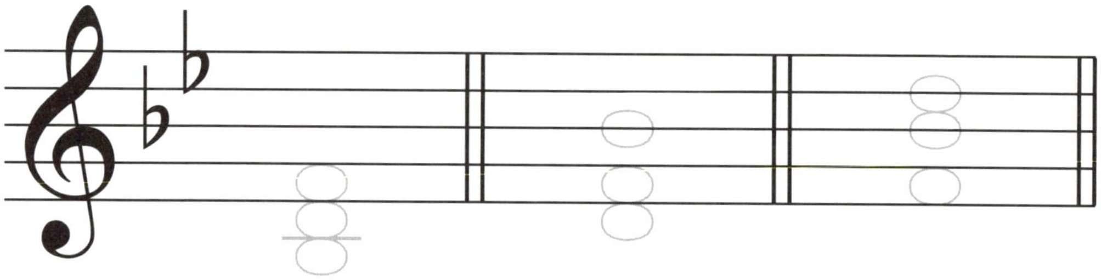

미b솔시b   솔시b미b   시b미b솔

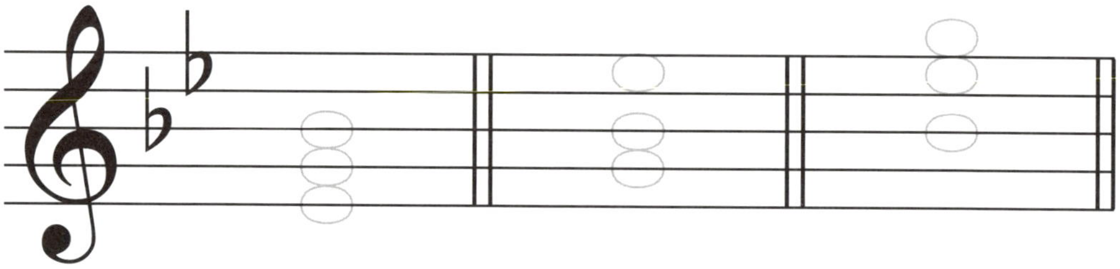

딸림화음
V

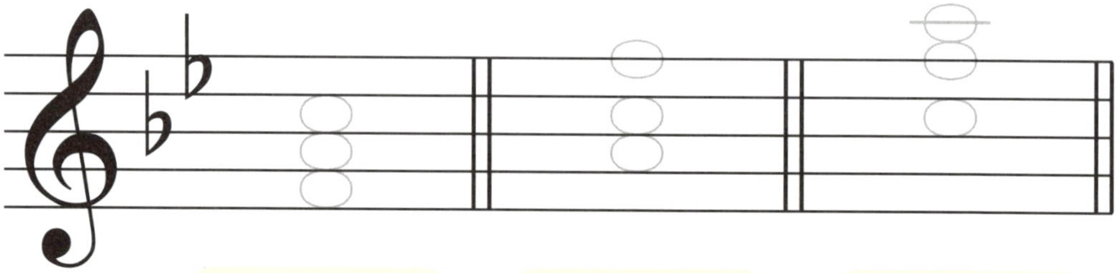

파라도   라도파   도파라

● 낮은음자리보표에서 **내림나장조 주요3화음**을 잘 기억하세요.

화음이름	으뜸화음	버금딸림화음	딸림화음
화음기호	I	IV	V

가장조 주요3화음의 **자리바꿈형**을 따라서 그리고, 써 보세요.

기본형　　첫째 자리바꿈형　　둘째 자리바꿈형

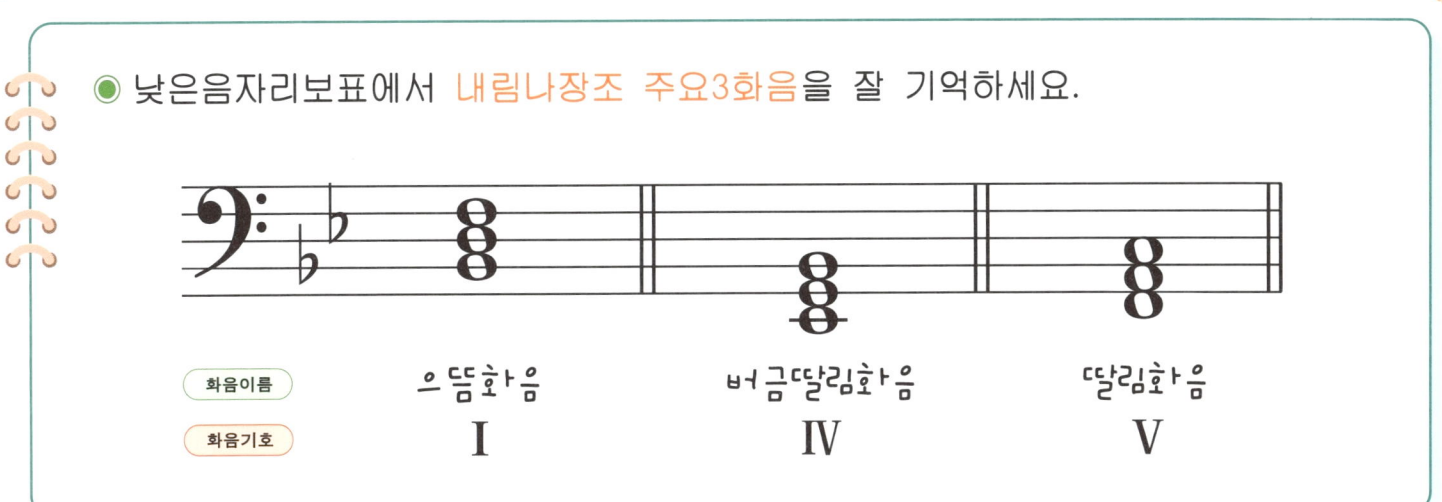

으뜸화음 I 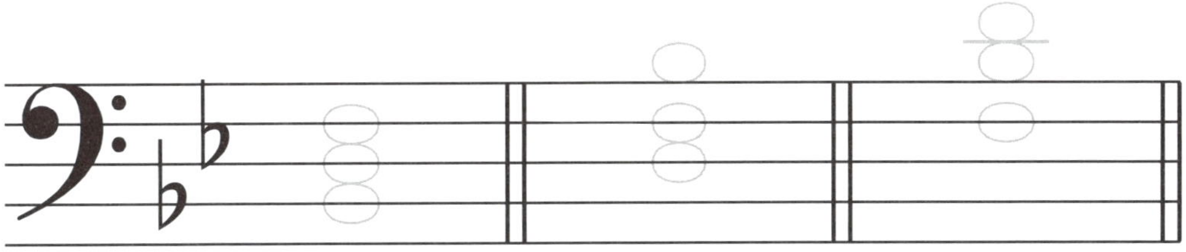
시♭레파　레파시♭　파시♭레

버금딸림화음 IV 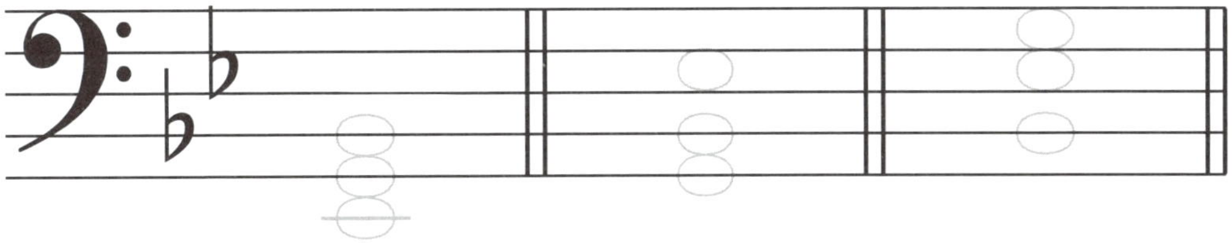
미♭솔시♭　솔시♭미♭　시♭미♭솔

딸림화음 V 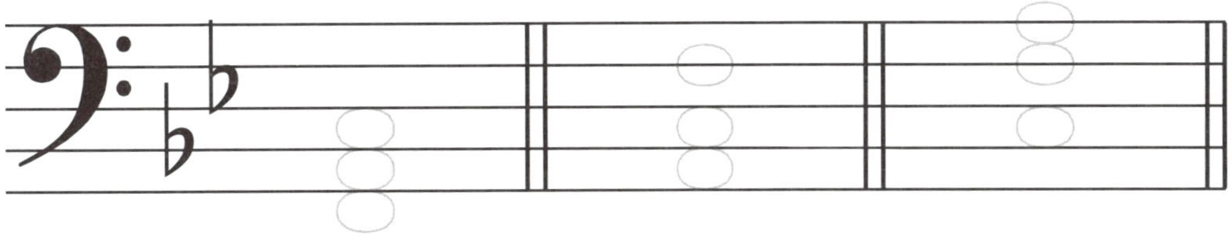
파라도　라도파　도파라

 내림나장조 주요3화음의 **계이름(고정도법)**을 쓰고 **화음기호**를 따라서 써 보세요.

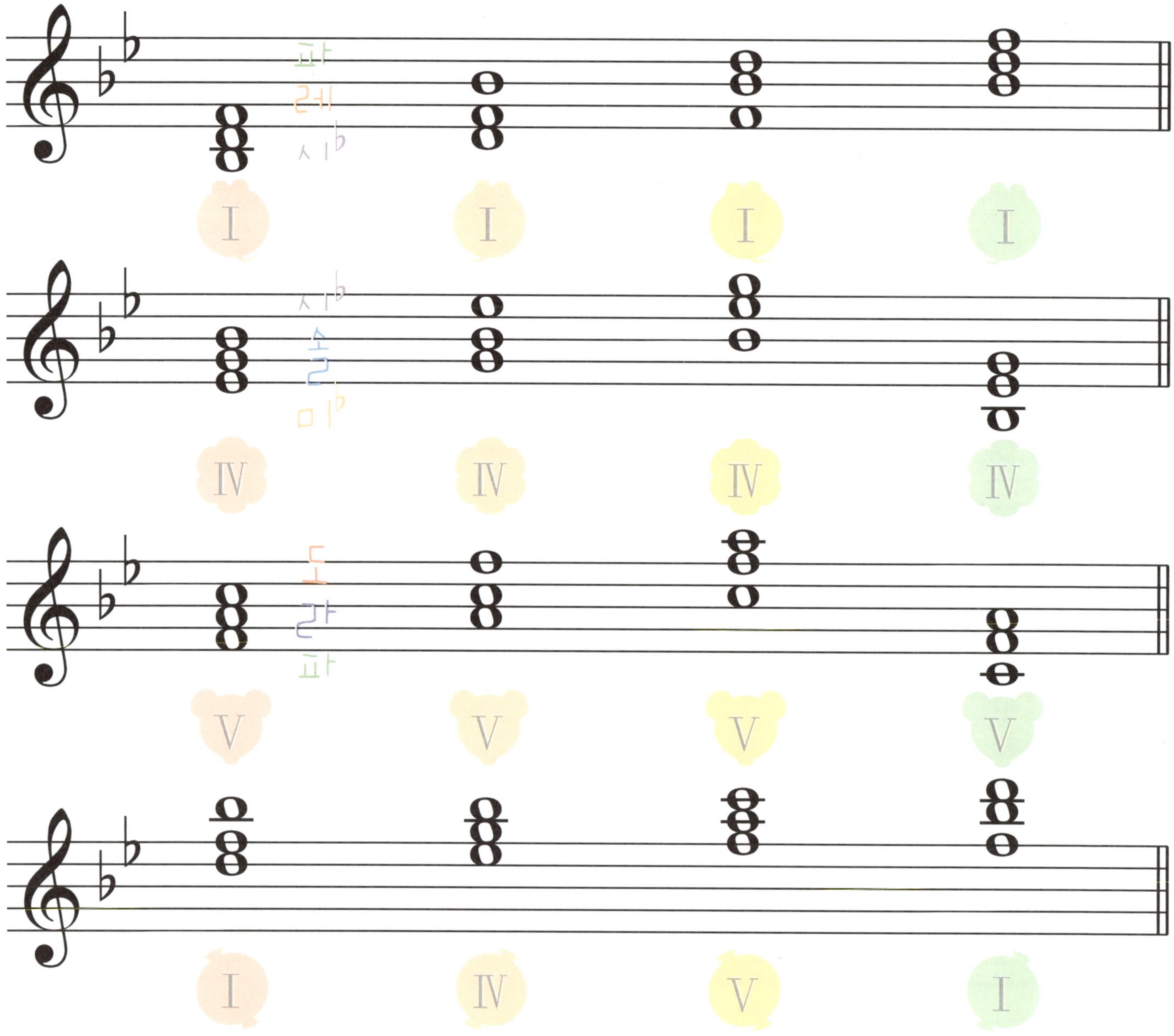

I   I   I   I

IV   IV   IV   IV

V   V   V   V

I   IV   V   I

룰루랄라 기초 이론

내림나장조 주요3화음의 **화음기호**와 **고정도법** 계이름을 따라서 써 보세요.

I =시♭레파, IV =미♭솔시♭, V =파라도

I =시♭레파, IV =미♭솔시♭, V =파라도

 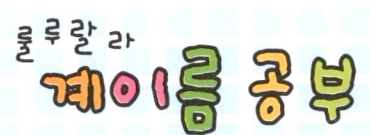 

계이름 공부

 내림나장조 주요3화음의 **계이름(고정도법)** 을 쓰고 **화음기호**를 따라서 써 보세요.

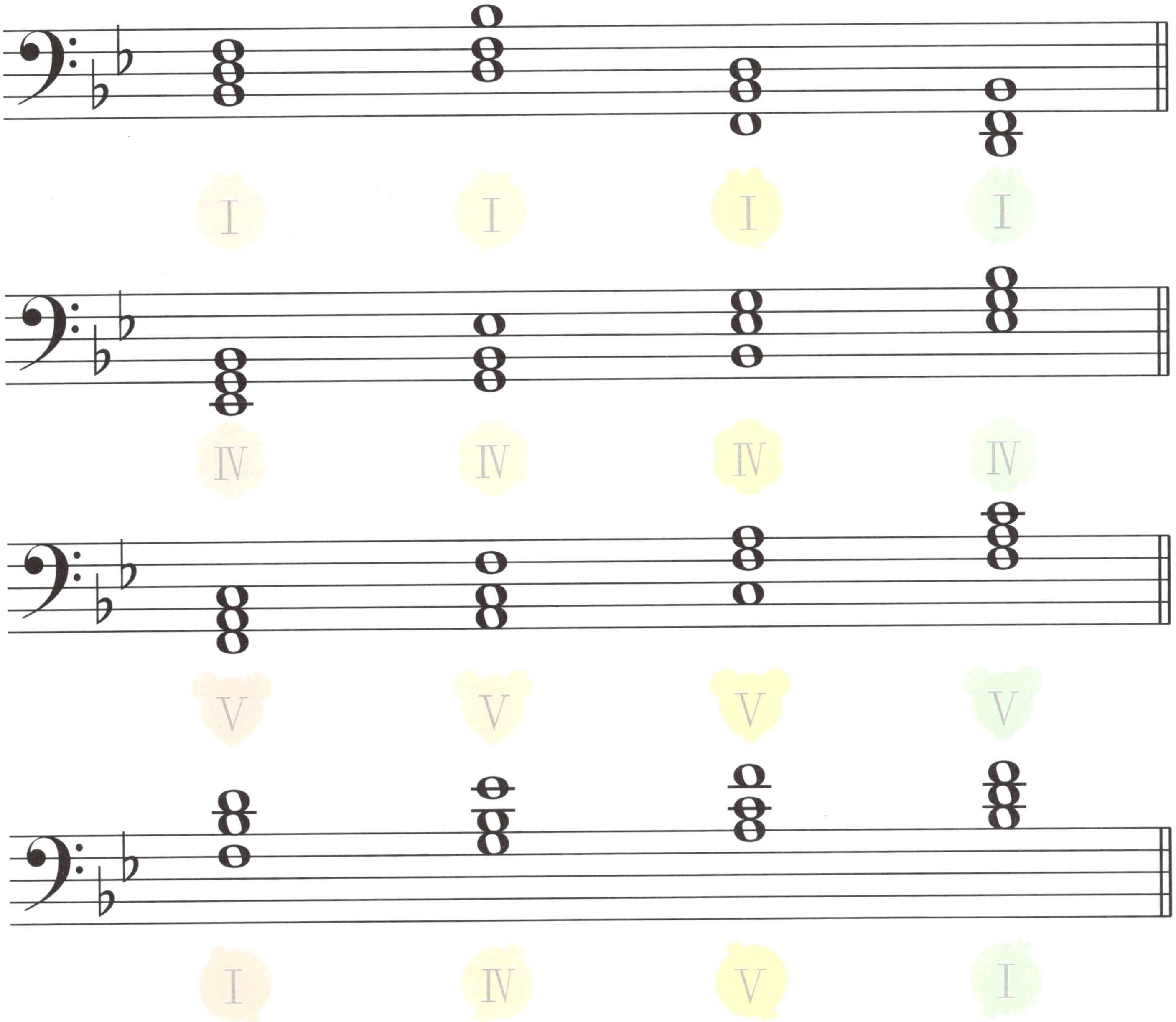

I   I   I   I

IV   IV   IV   IV

V   V   V   V

I   IV   V   I

룰루랄라 기초 이론

내림나장조 주요3화음의 **화음기호**와 **고정도법** 계이름을 따라서 써 보세요.

Ⅰ=시♭레파, Ⅳ=미♭솔시♭, Ⅴ=파라도

Ⅰ=시♭레파, Ⅳ=미♭솔시♭, Ⅴ=파라도

 내림나장조 주요3화음의 계이름(고정도법)을 읽고 화음기호를 써 보세요.

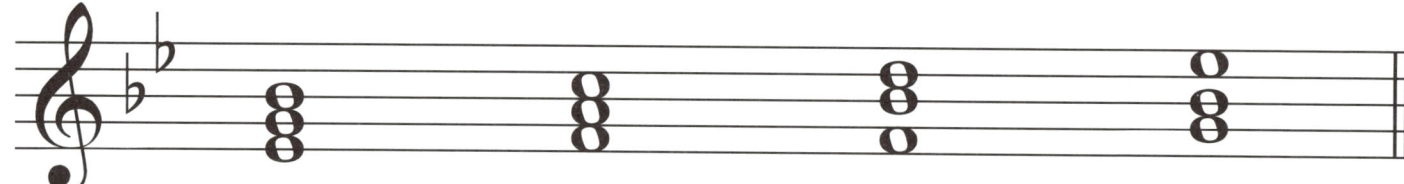

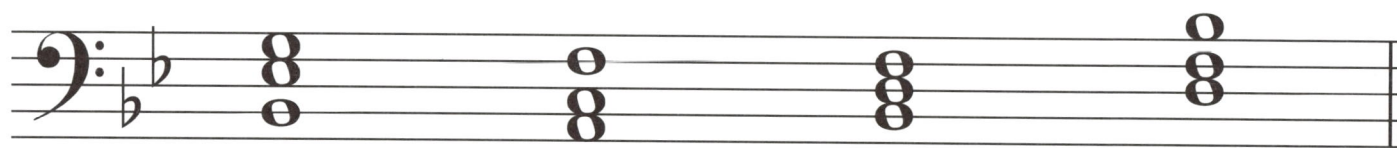

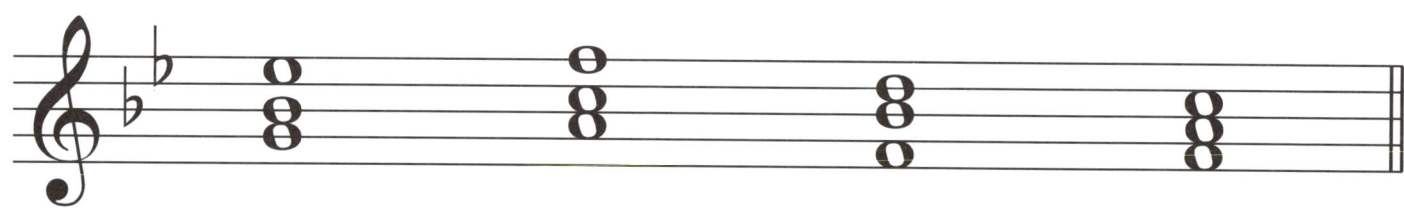

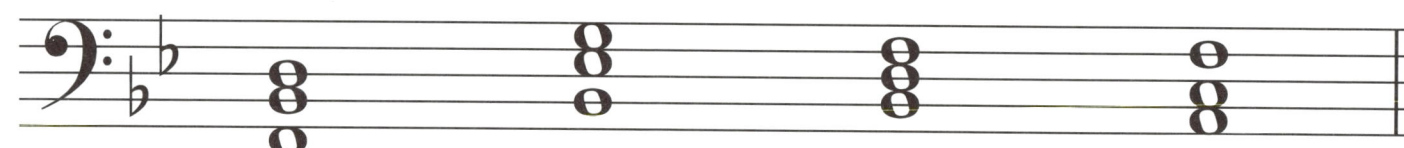

룰루랄라 기초 이론

내림나장조 주요3화음의 고정도법 계이름을 보고 화음기호를 써 보세요.

시♭레파 = Ⅰ,   미♭솔시♭ = Ⅳ,   파라도 = Ⅴ

시♭레파 =   ,   미♭솔시♭ =   ,   파라도 =

룰루랄라 계이름공부

 내림나장조 주요3화음의 계이름(고정도법)을 읽고 화음기호를 써 보세요.

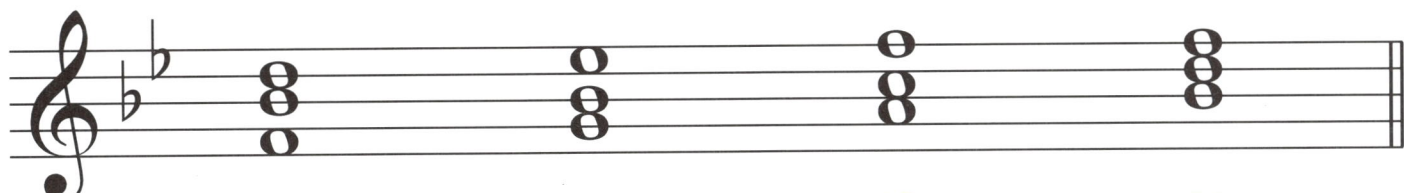

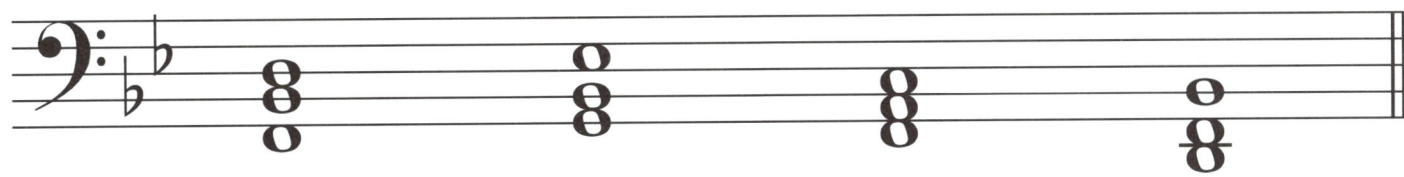

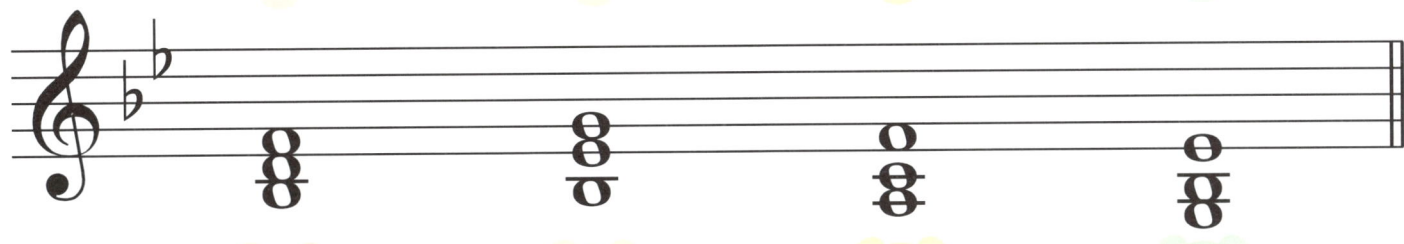

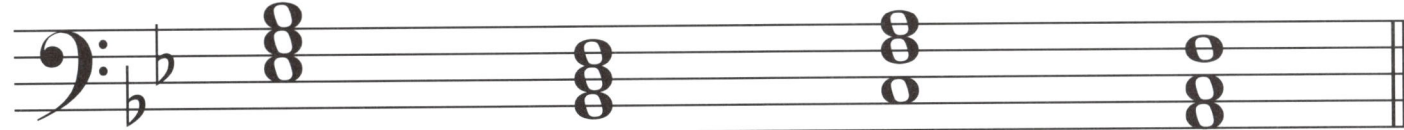

룰루랄라 기초 이론

내림나장조 주요3화음의 고정도법 계이름을 보고 화음기호를 써 보세요.

시♭레파 =   ,   미♭솔시♭ =   ,   파라도 =

시♭레파 =   ,   미♭솔시♭ =   ,   파라도 =

룰루랄라
계이름 공부

● 내림마장조 음계를 **고정도법** 계이름으로 잘 확인하세요.

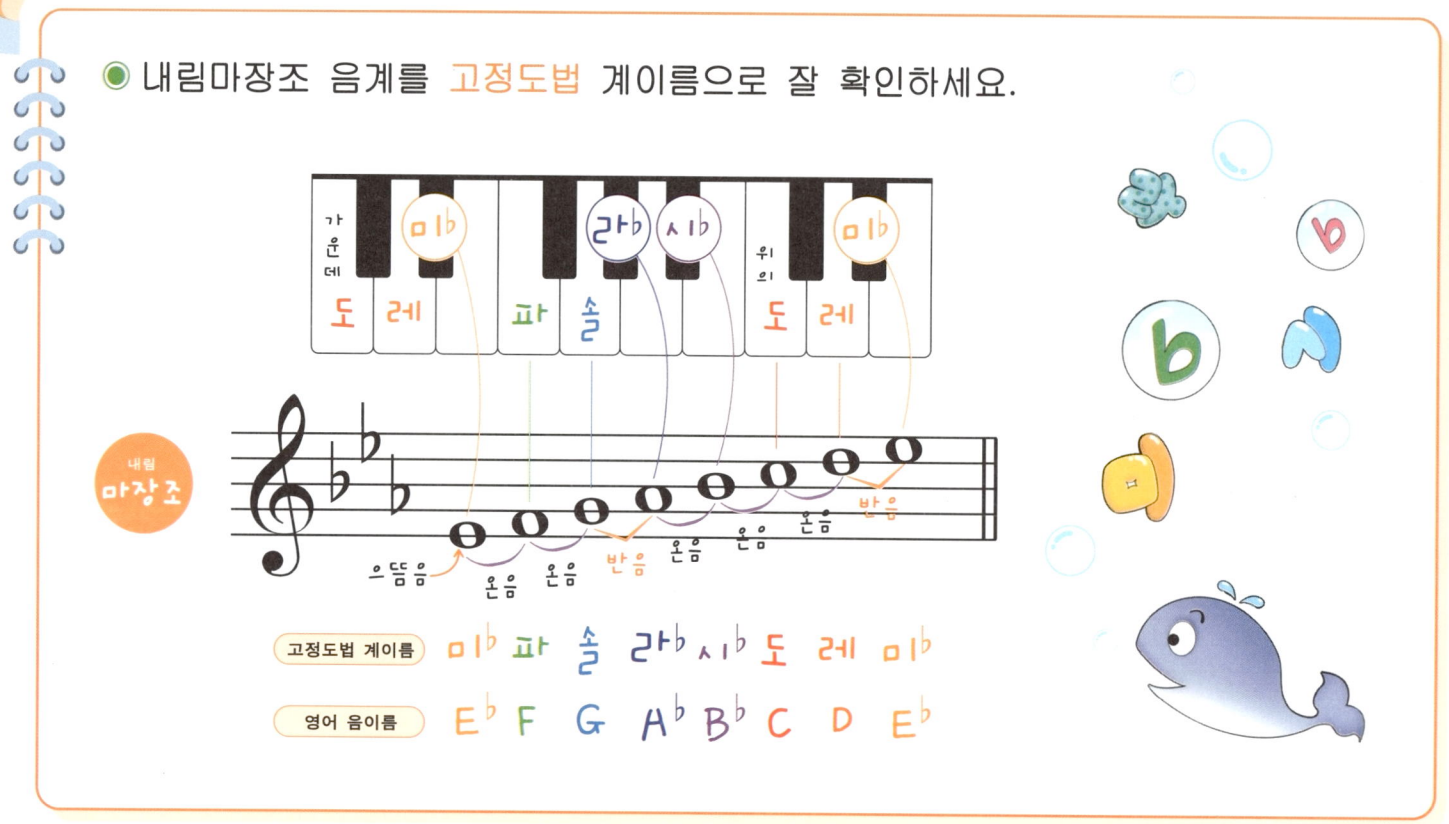

| 고정도법 계이름 | 미♭ 파 솔 라♭ 시♭ 도 레 미♭ |
| 영어 음이름 | E♭ F G A♭ B♭ C D E♭ |

고정도법 계이름으로 읽고, 따라서 써 보세요.

고정도법   미♭ 파 솔 라♭ 시♭ 도 레 미♭

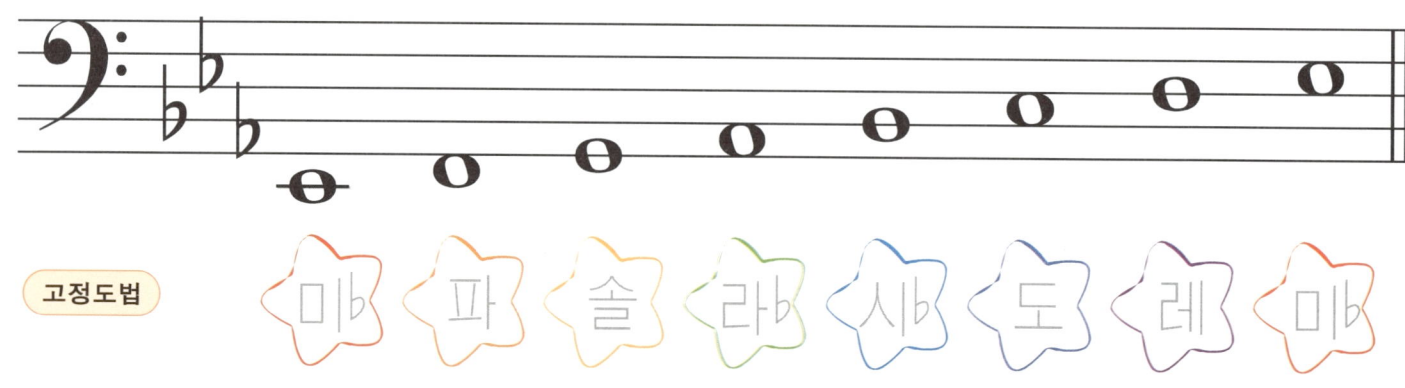

고정도법   미♭ 파 솔 라♭ 시♭ 도 레 미♭

● 내림마장조 음계를 이동도법 계이름으로 잘 확인하세요.

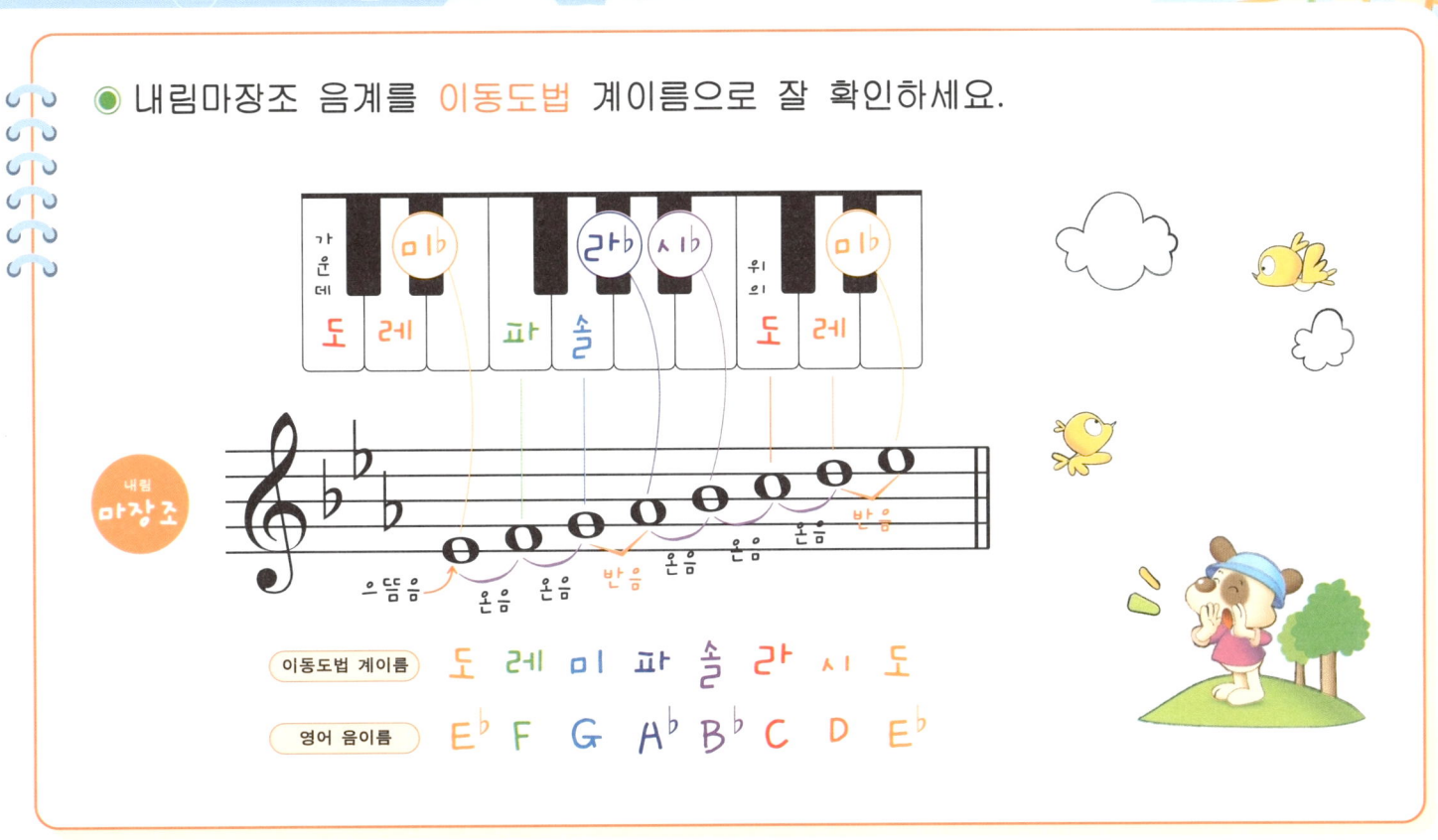

이동도법 계이름으로 읽고, 따라서 써 보세요.

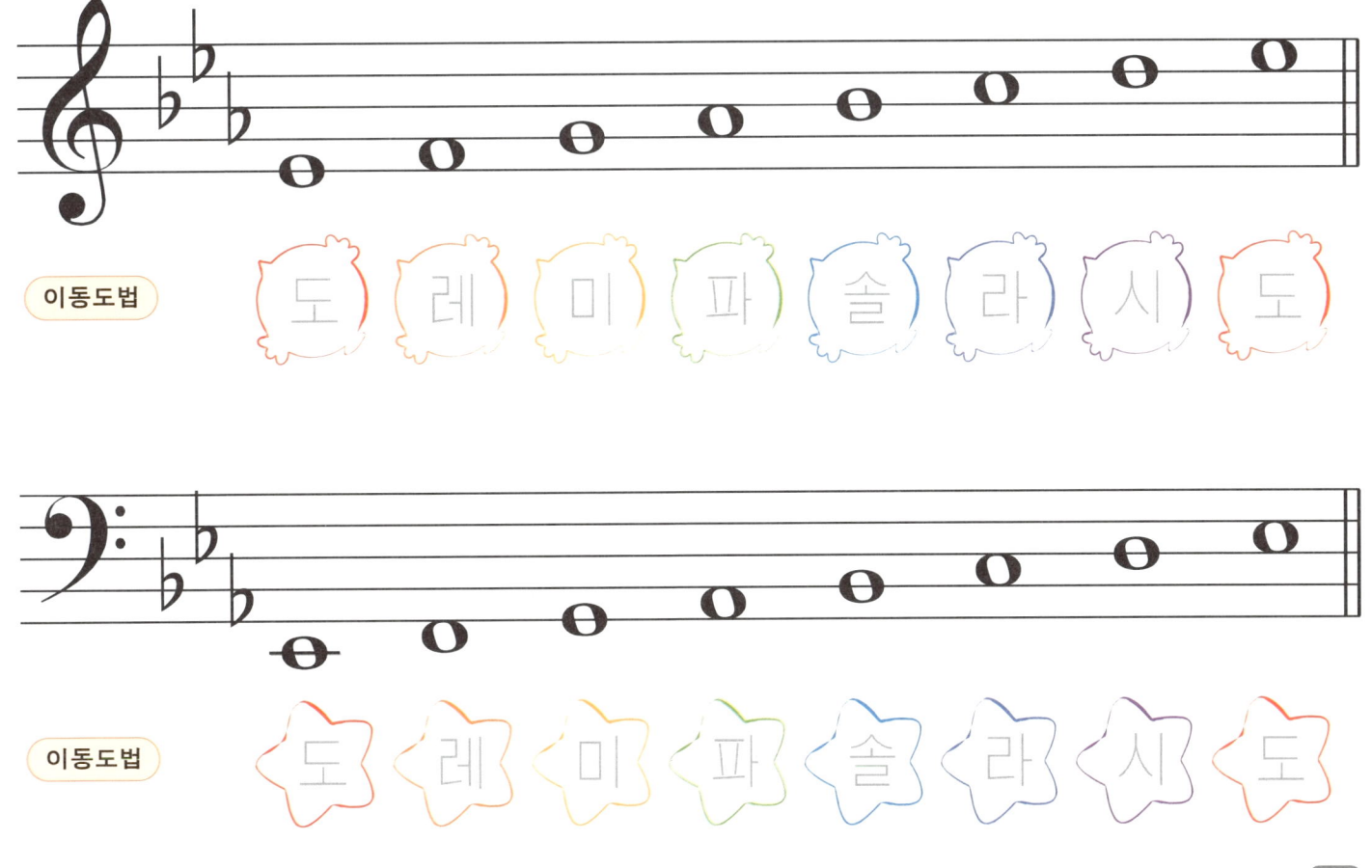

 내림마장조의 계이름을 **고정도법**으로 써 보세요.

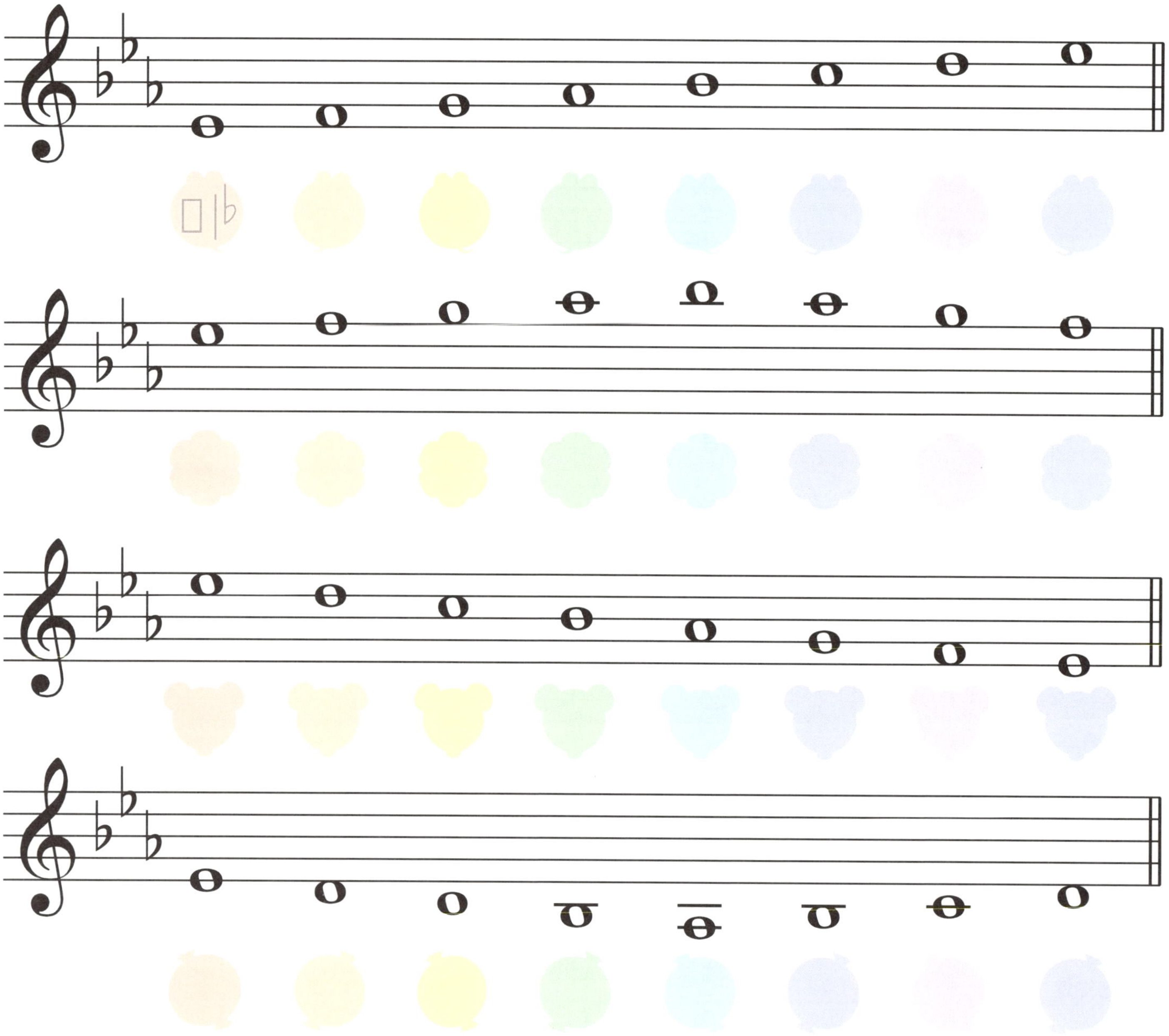

미♭

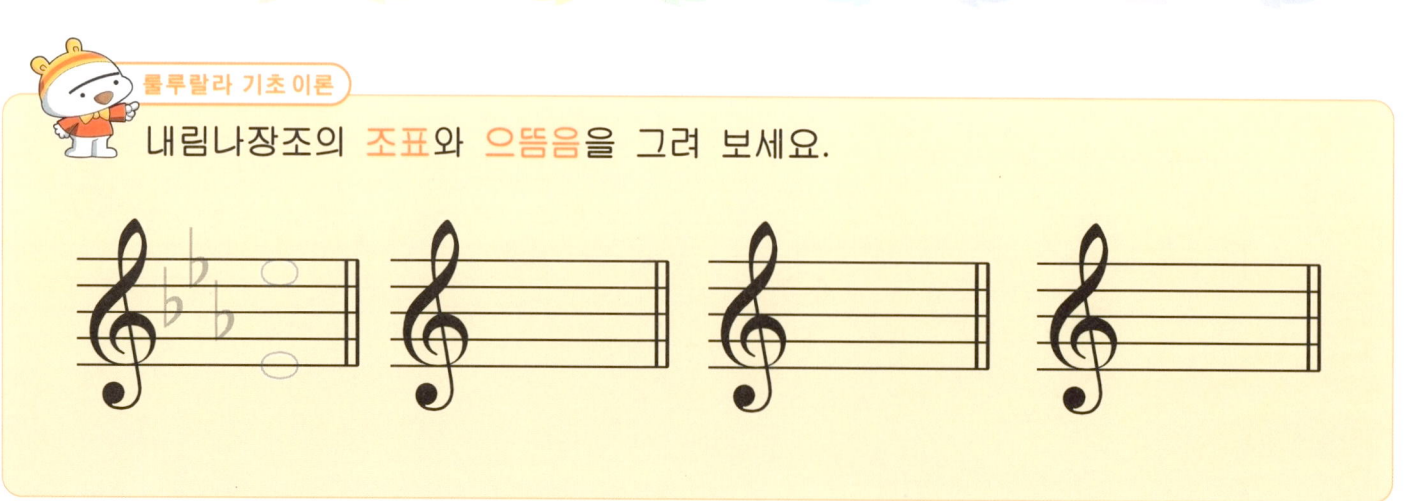

룰루랄라 기초 이론

내림나장조의 **조표**와 **으뜸음**을 그려 보세요.

 내림마장조의 계이름을 고정도법으로 써 보세요.

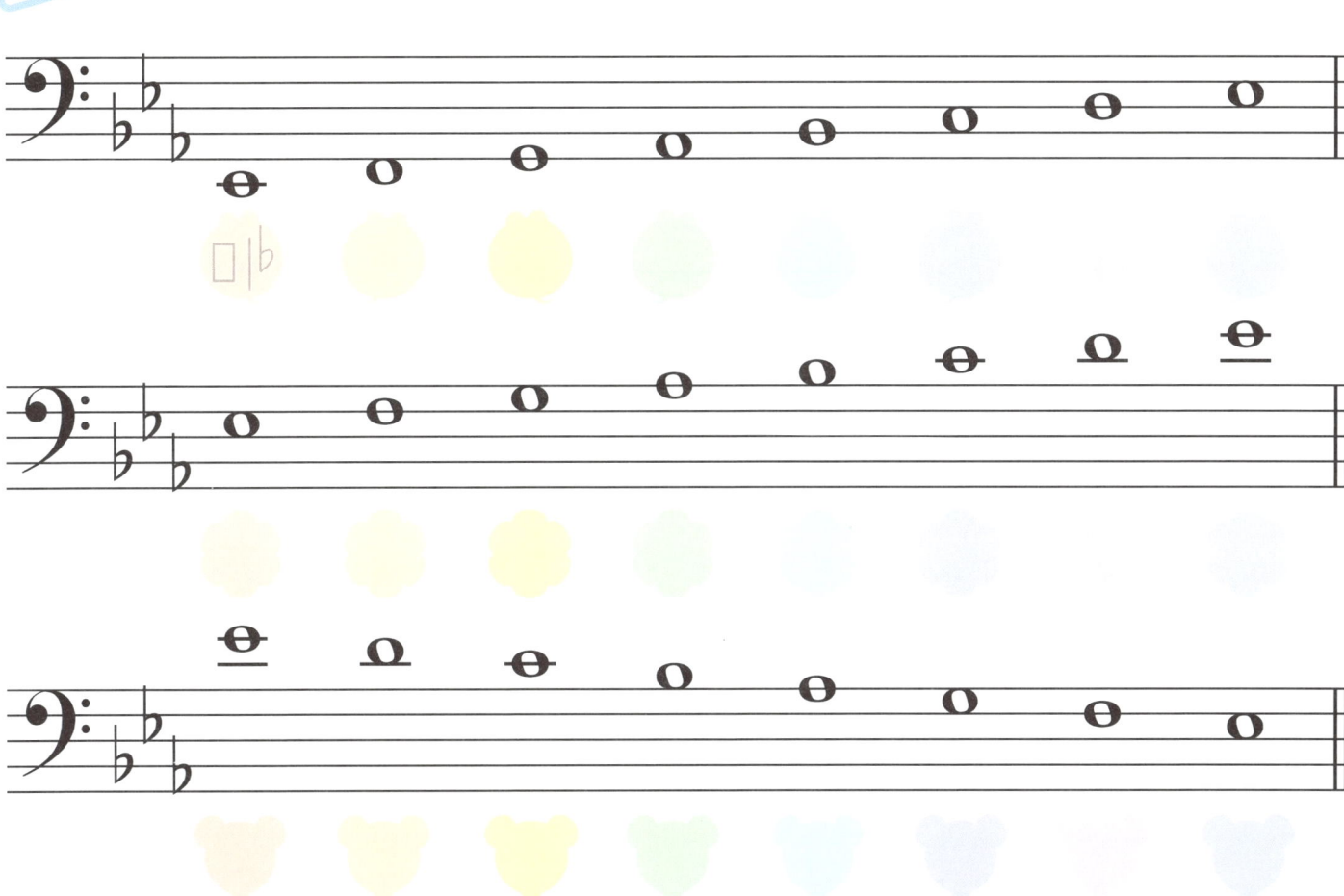

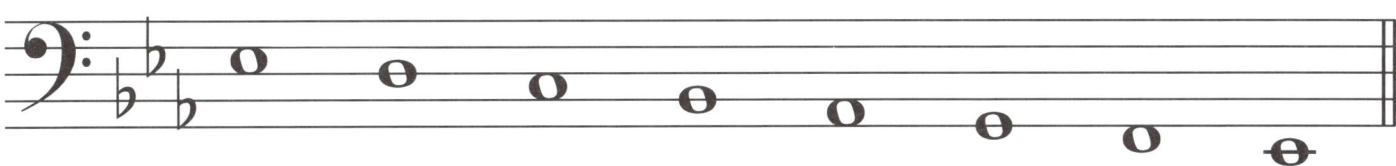룰루랄라 기초 이론

내림마장조의 으뜸음을 써 보세요.

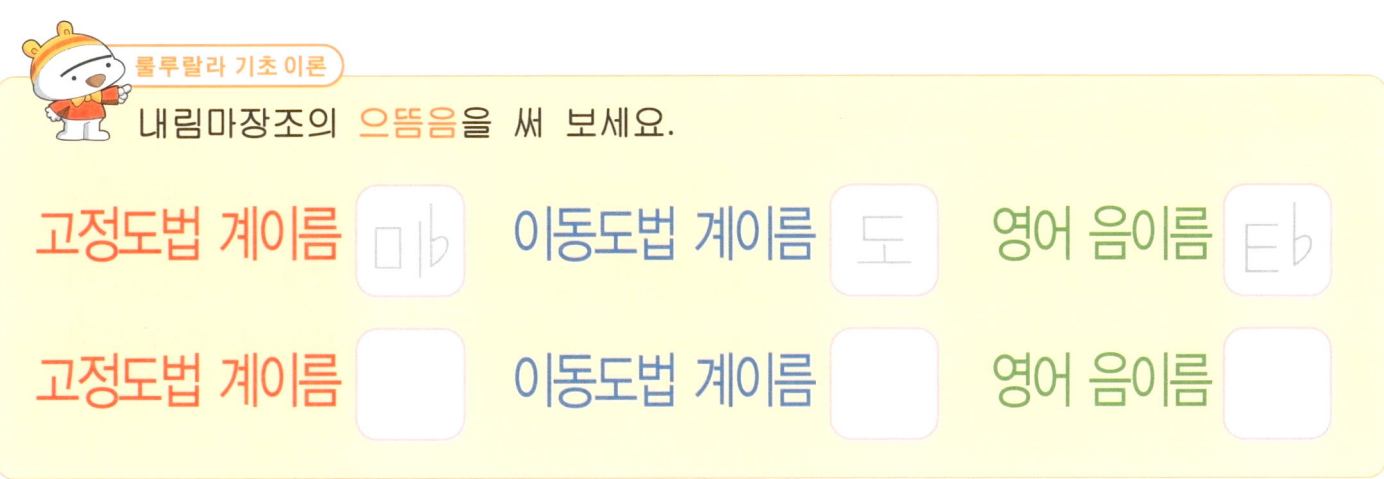

룰 루 랄 라
계이름 공부

 내림마장조의 계이름을 이동도법으로 써 보세요.

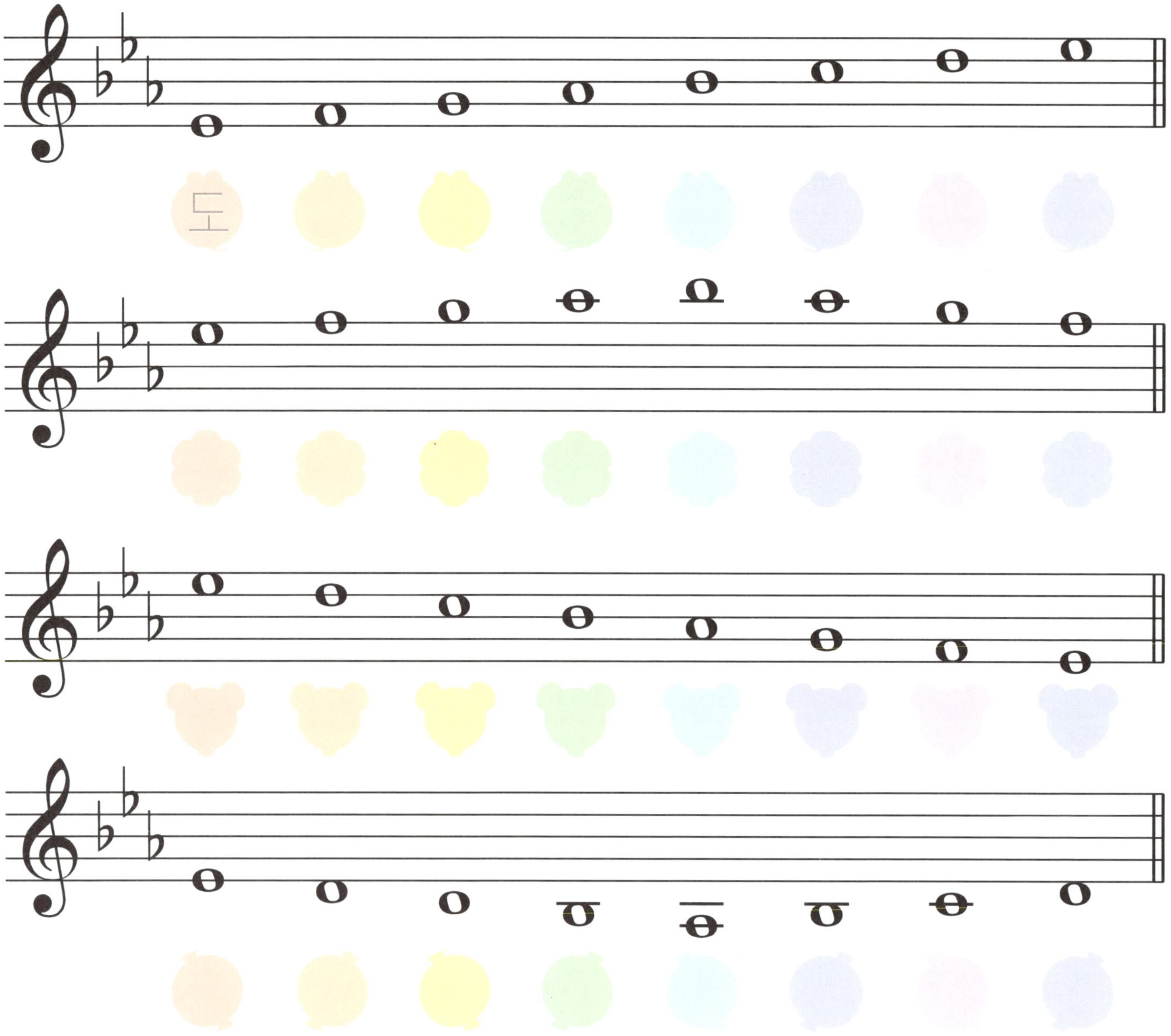

도

룰루랄라 기초 이론

내림나장조의 조표와 으뜸음을 그려 보세요.

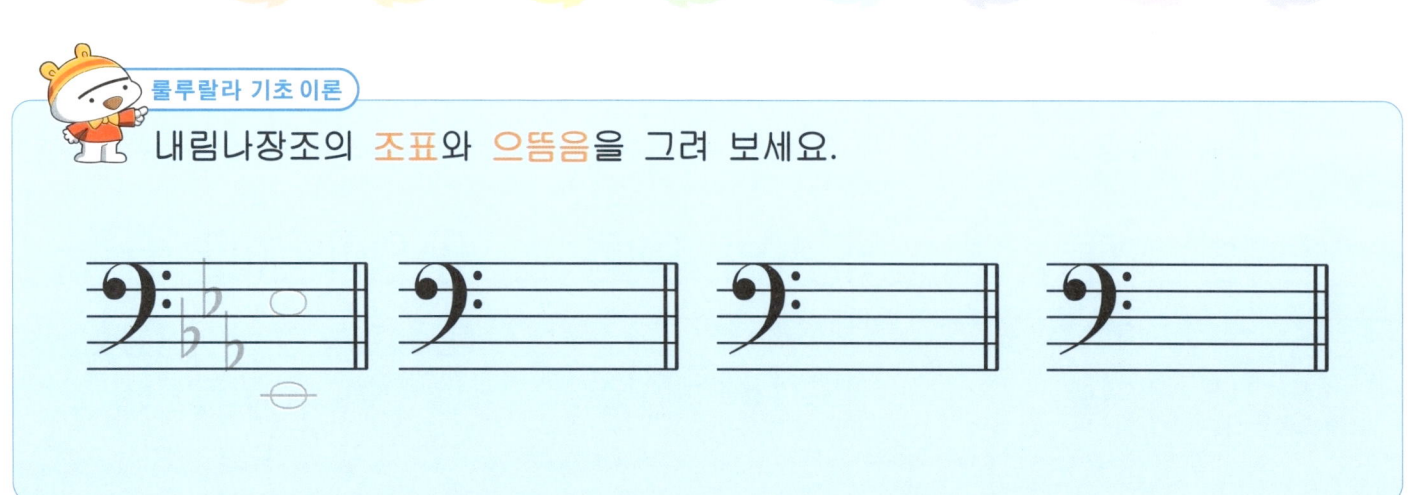

 내림마장조의 계이름을 이동도법으로 써 보세요.

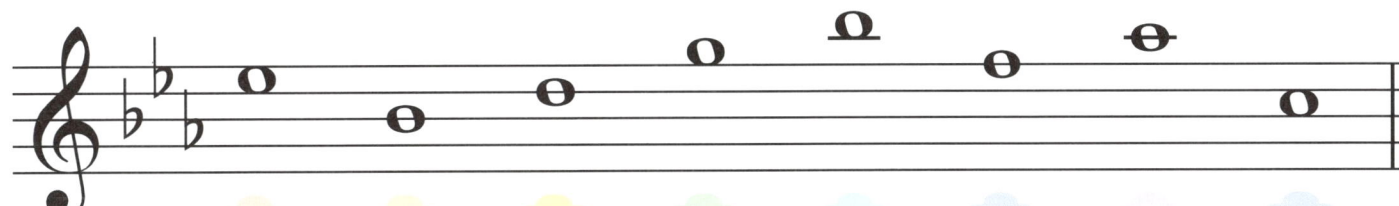

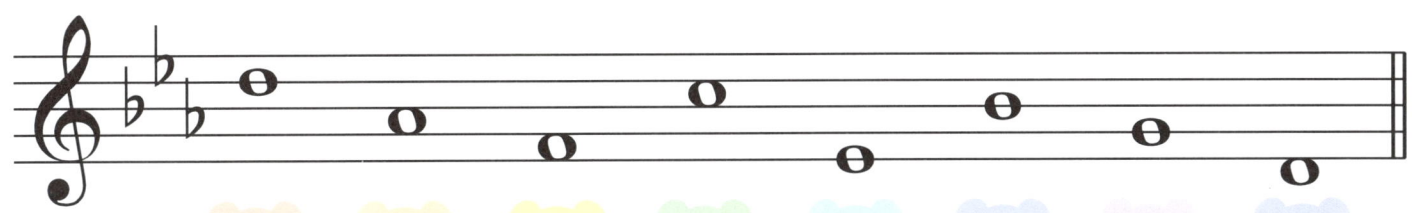

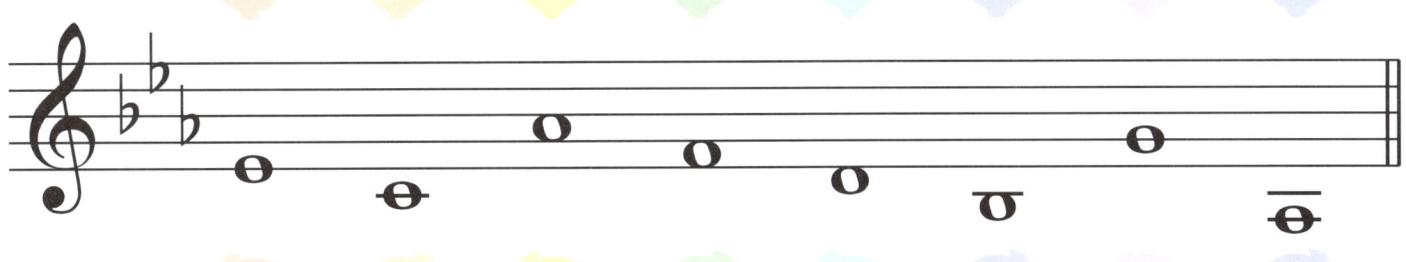

룰루랄라 기초 이론

내림마장조의 으뜸음을 써 보세요.

고정도법 계이름		이동도법 계이름		영어 음이름	
고정도법 계이름		이동도법 계이름		영어 음이름	

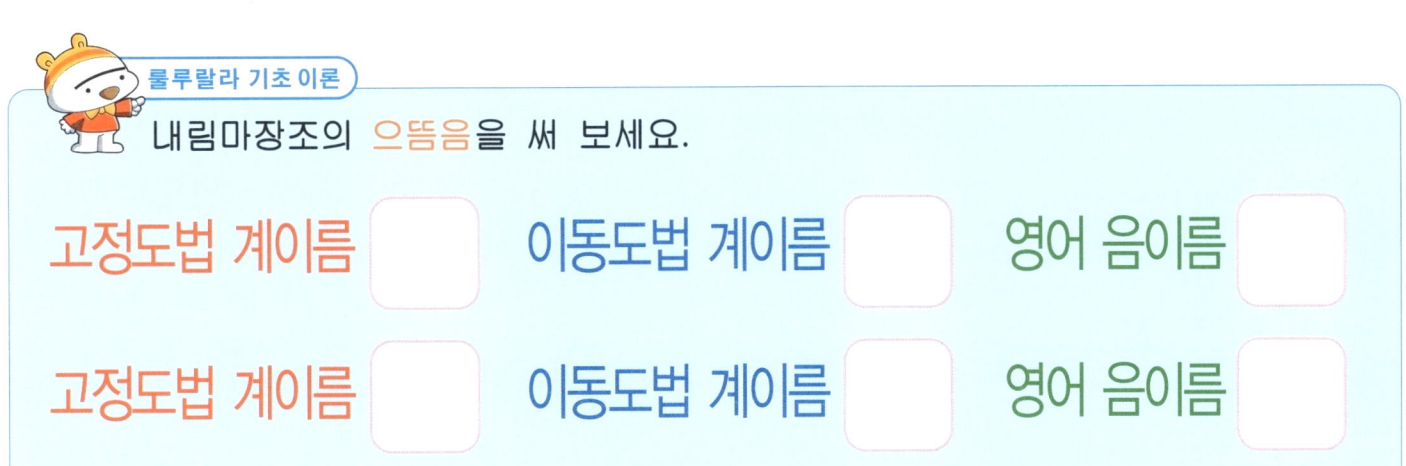

● 내림마장조의 1, 4, 5번째 3화음이 **내림마장조 주요3화음**입니다.

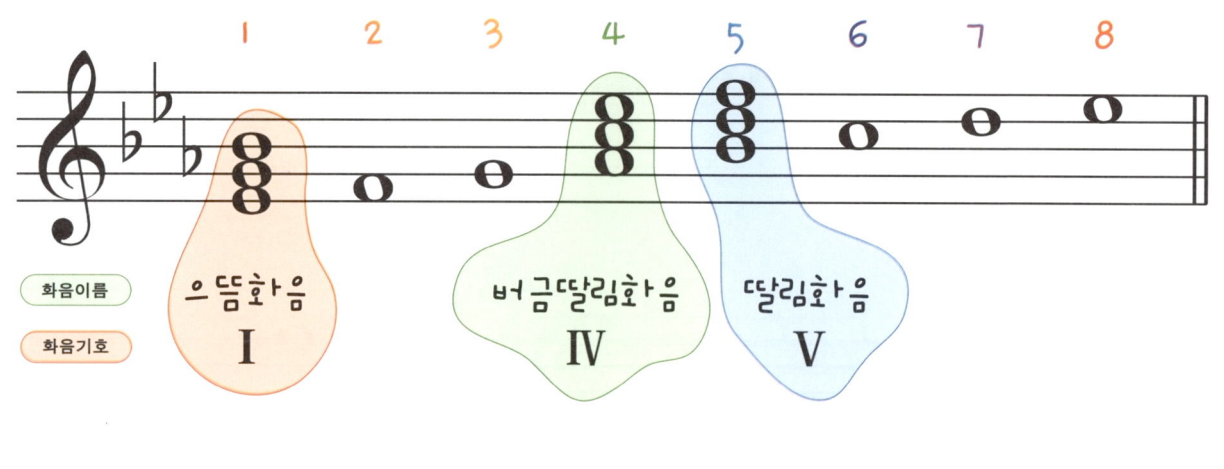

1	2	3	4	5	6	7	8

화음이름 · 으뜸화음 · 버금딸림화음 · 딸림화음

화음기호 · I · IV · V

따라서 그리고, 써 보세요.

내림마장조 주요3화음 · 계이름 · 화음기호

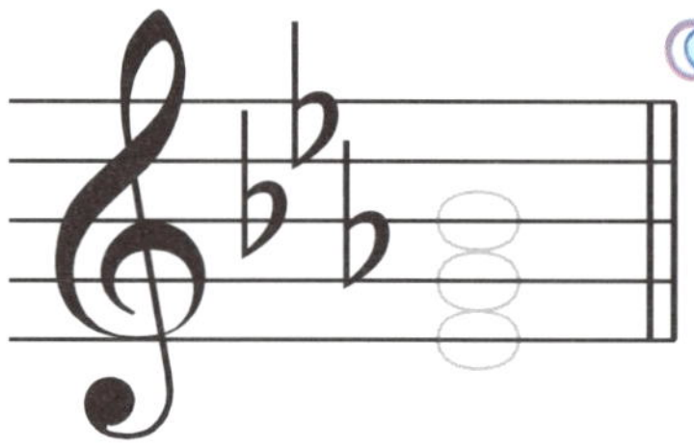

이동도법 : 도 미 솔
고정도법 : 미♭ 솔 시♭

I

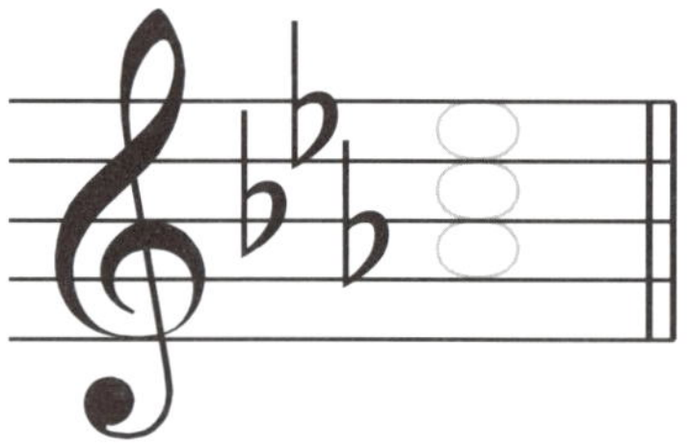

이동도법 : 파 라 도
고정도법 : 라 도 미♭

IV

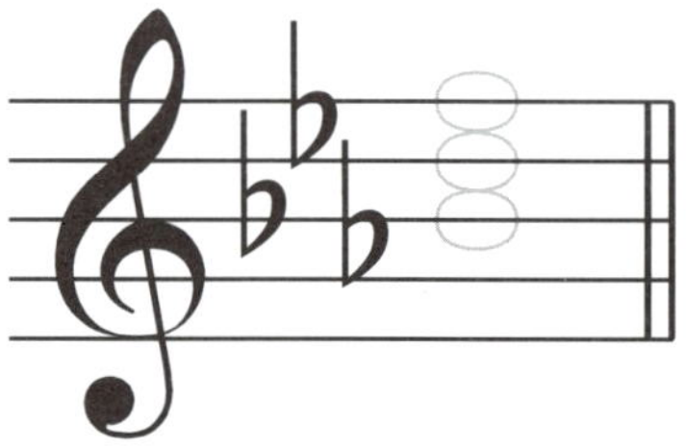

이동도법 : 솔 시 레
고정도법 : 시♭ 레 파

V

● 낮은음자리보표에서 내림마장조 주요3화음을 잘 확인하세요.

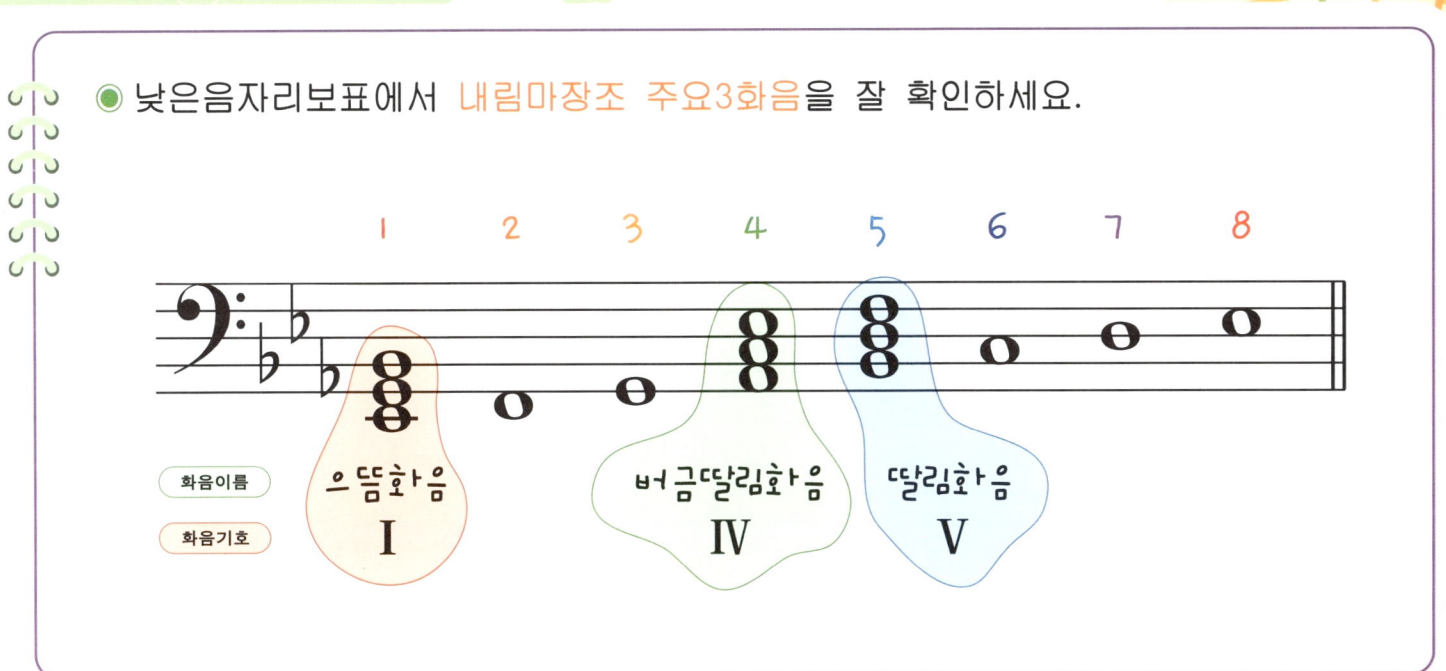

따라서 그리고, 써 보세요.

내림마장조 주요3화음	계 이 름	화음기호
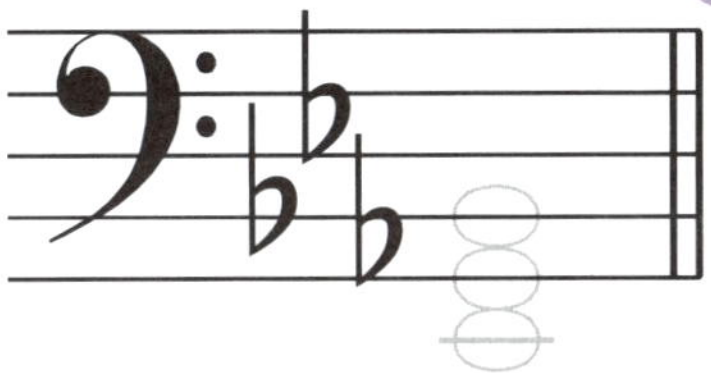 〔low clef, 3화음〕	이동도법 : 도 미 솔 고정도법 : 미♭ 솔 시♭	I
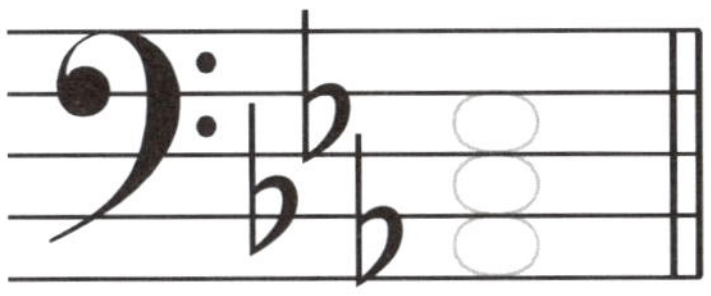 〔low clef, 3화음〕	이동도법 : 파 라 도 고정도법 : 라♭ 도 미♭	IV
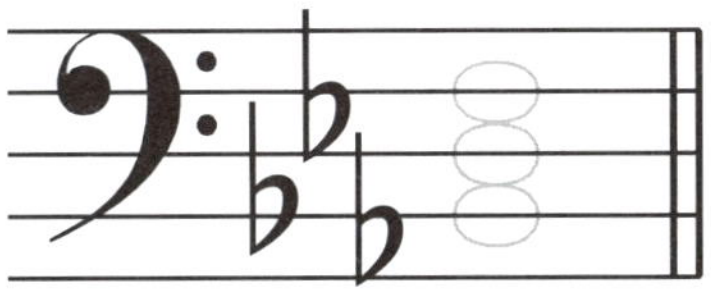 〔low clef, 3화음〕	이동도법 : 솔 시 레 고정도법 : 시♭ 레 파	V

● 높은음자리보표에서 내림마장조 주요3화음을 잘 기억하세요.

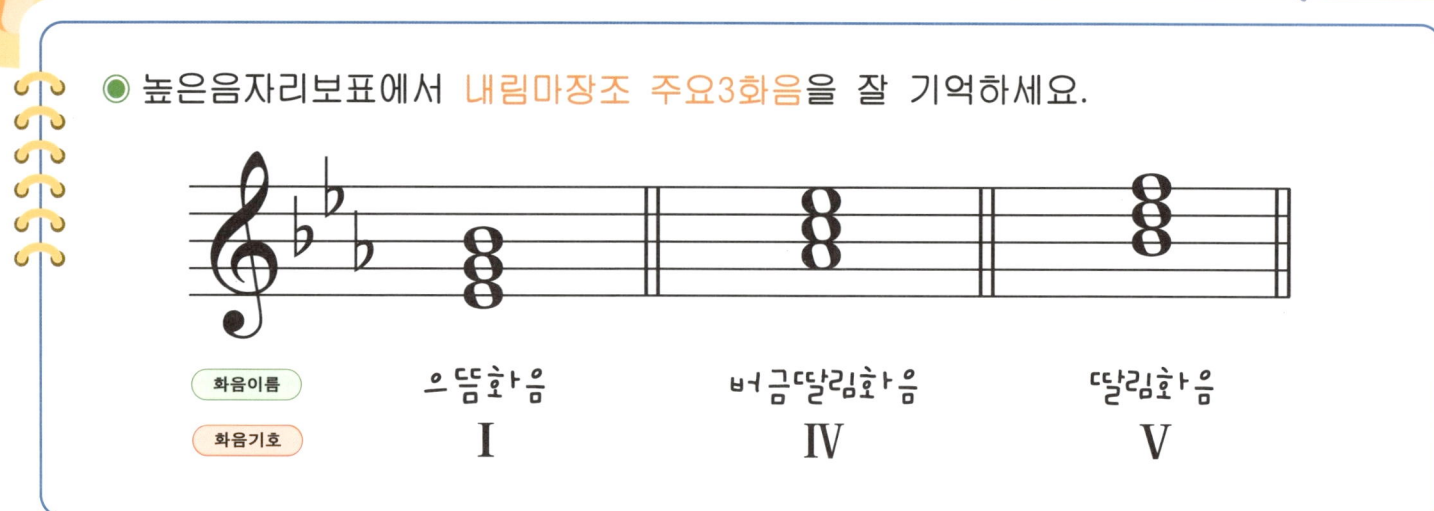

화음이름	으뜸화음	버금딸림화음	딸림화음
화음기호	I	IV	V

내림마장조 주요3화음의 자리바꿈형을 따라서 그리고, 써 보세요.

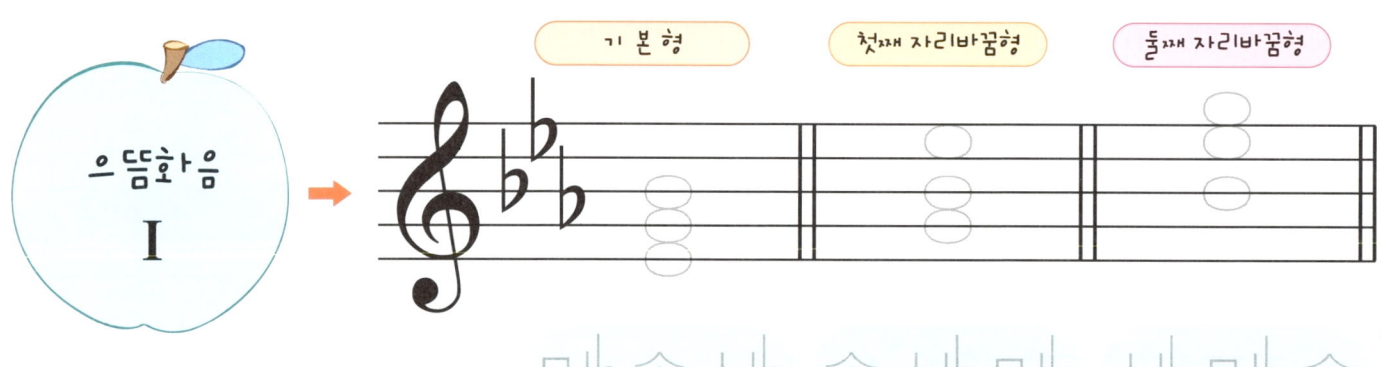

으 뜸화음
I

기 본 형   첫째 자리바꿈형   둘째 자리바꿈형

미솔시♭ 솔시♭미 시♭미솔

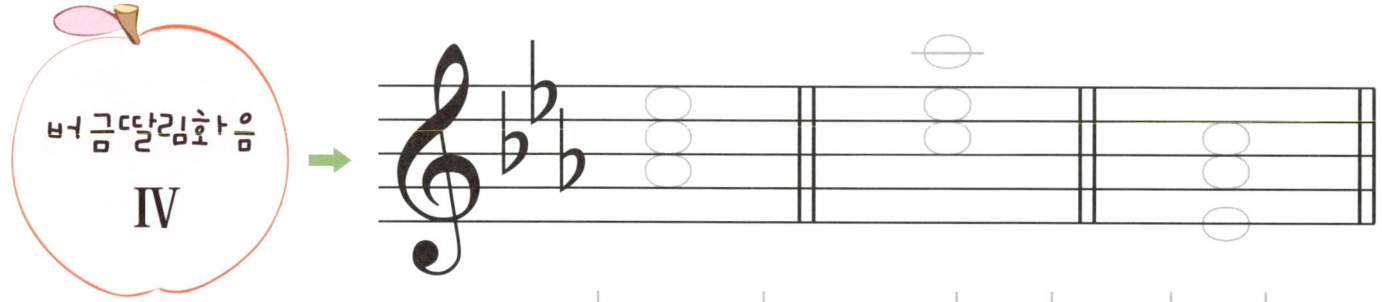

버금딸림화음
IV

라도미♭ 도미♭라 미♭라도

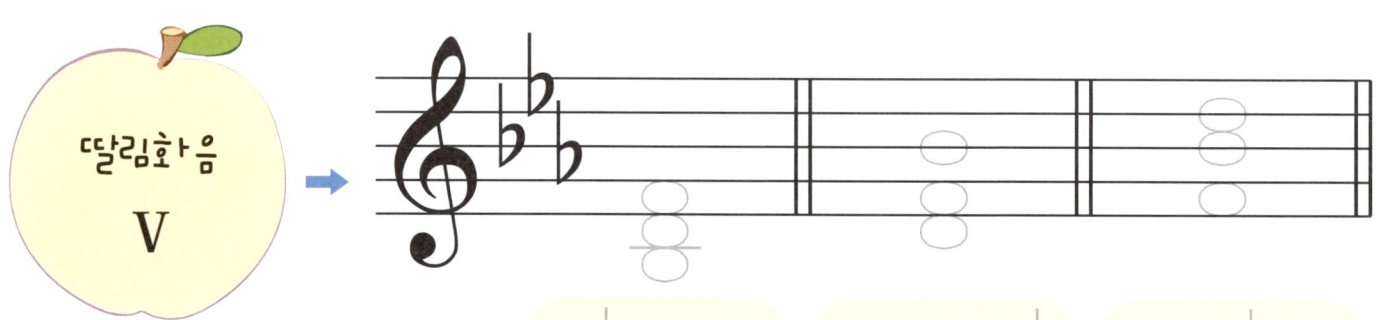

딸림화음
V

시♭레파 레파시♭ 파시♭레

● 낮은음자리보표에서 **내림마장조 주요3화음**을 잘 기억하세요.

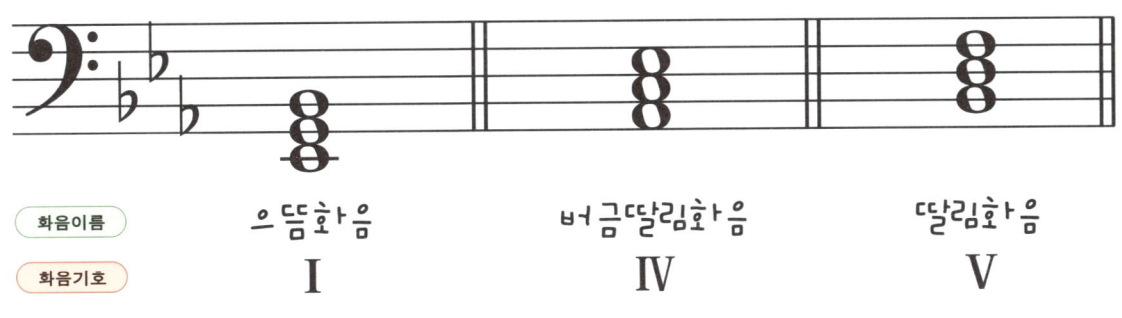

화음이름	으뜸화음	버금딸림화음	딸림화음
화음기호	I	IV	V

내림마장조 주요3화음의 **자리바꿈형**을 따라서 그리고, 써 보세요.

기 본 형   첫째 자리바꿈형   둘째 자리바꿈형

으뜸화음
I

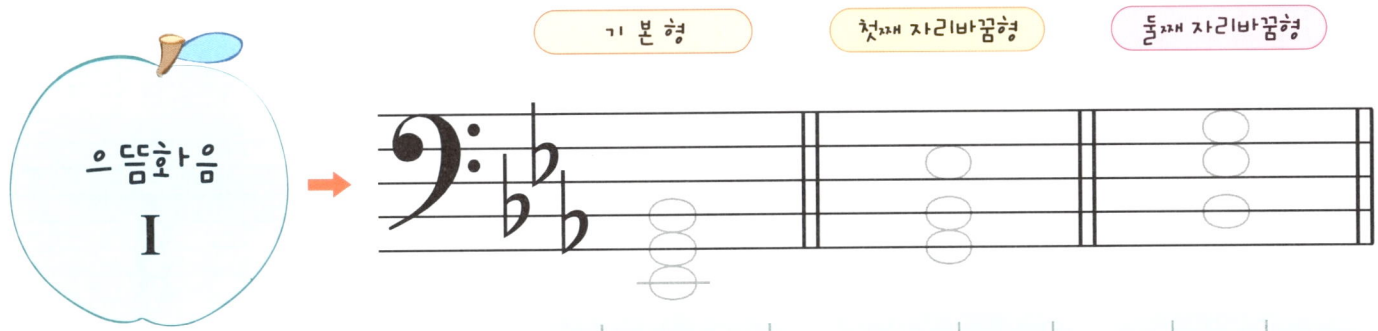

미♭솔시♭ 솔시♭미♭ 시♭미♭솔

버금딸림화음
IV

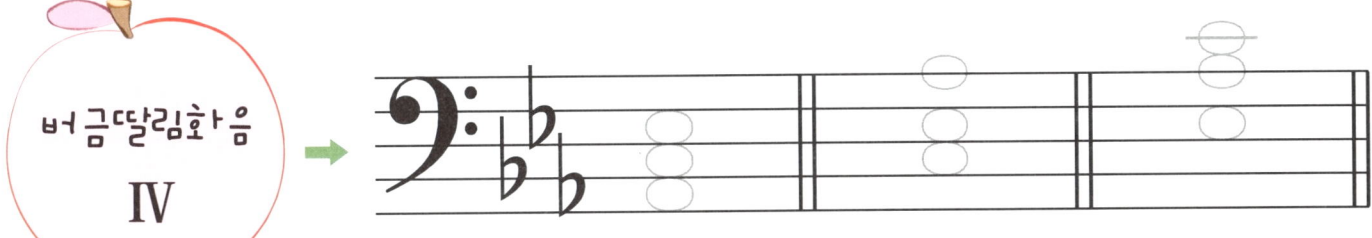

라도미♭ 도미♭라 미♭라도

딸림화음
V

시♭레파 레파시♭ 파시♭레

룰루랄라
계이름 공부

월 일

 내림마장조 주요3화음의 **계이름(고정도법)**을 쓰고 **화음기호**를 따라서 써 보세요.

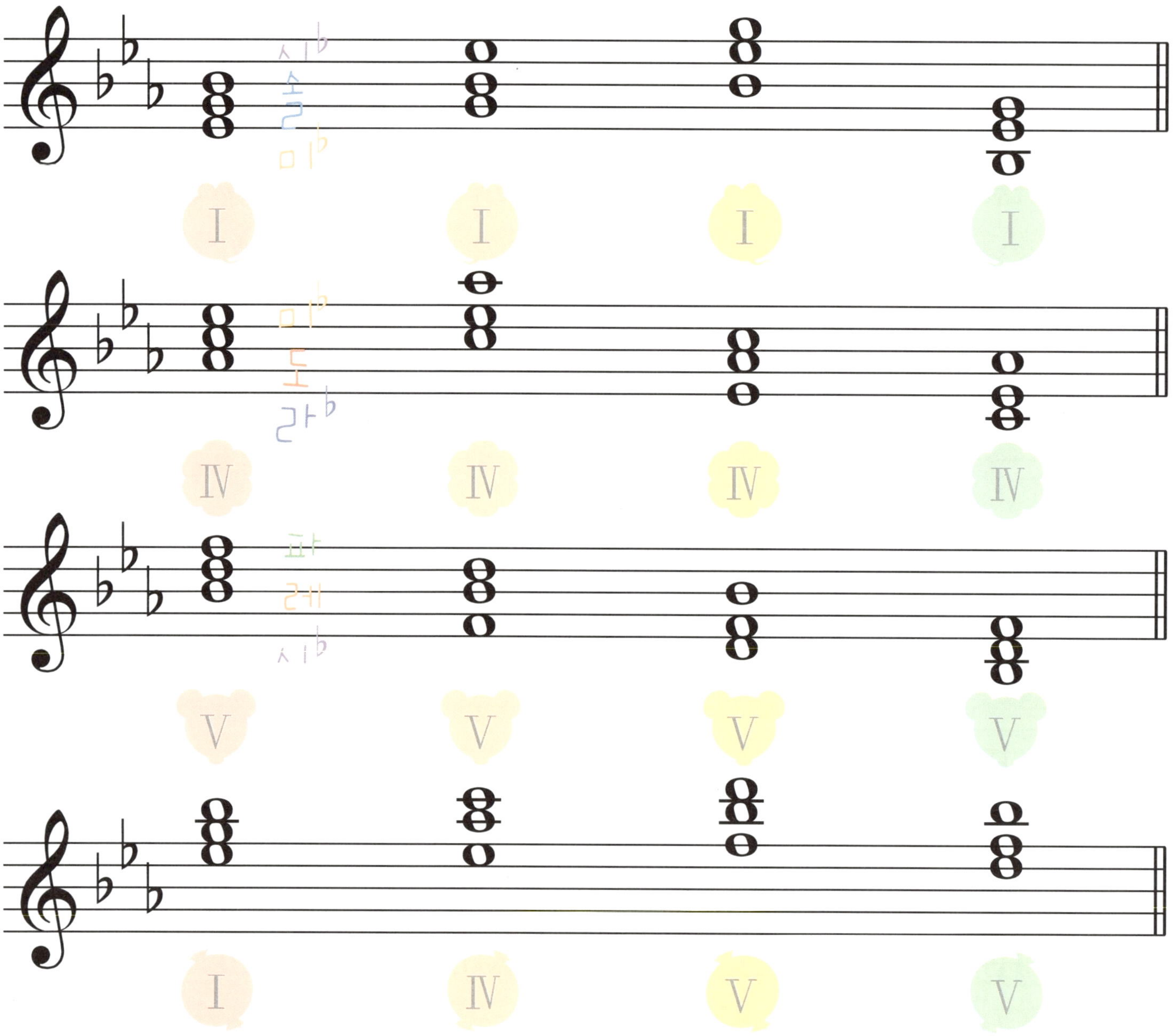

시♭
솔
미♭

Ⅰ   Ⅰ   Ⅰ   Ⅰ

미♭
도
라♭

Ⅳ   Ⅳ   Ⅳ   Ⅳ

파
레
시♭

Ⅴ   Ⅴ   Ⅴ   Ⅴ

Ⅰ   Ⅳ   Ⅴ   Ⅴ

룰루랄라 기초 이론

내림마장조 주요3화음의 **화음기호**와 **고정도법** 계이름을 따라서 써 보세요.

Ⅰ=미♭솔시♭, Ⅳ=라♭도미♭, Ⅴ=시♭레파

Ⅰ=미♭솔시♭, Ⅳ=라♭도미♭, Ⅴ=시♭레파

 내림마장조 주요3화음의 **계이름(고정도법)**을 쓰고 **화음기호**를 따라서 써 보세요.

Ⅰ   Ⅰ   Ⅰ   Ⅰ

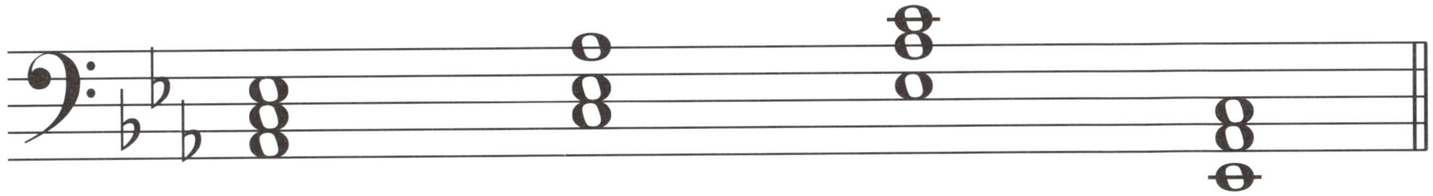

Ⅳ   Ⅳ   Ⅳ   Ⅳ

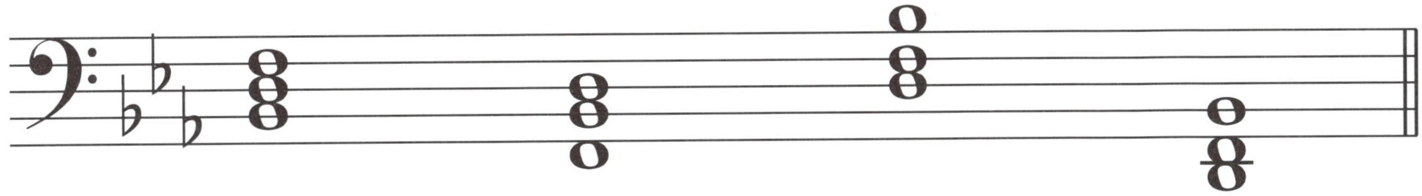

Ⅴ   Ⅴ   Ⅴ   Ⅴ

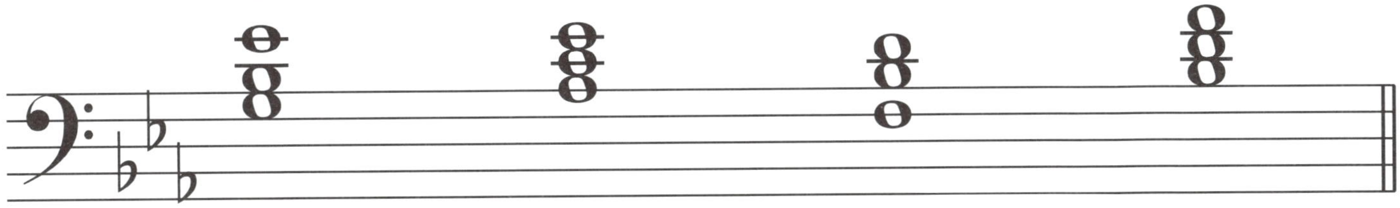

Ⅰ   Ⅳ   Ⅴ   Ⅴ

룰루랄라 기초 이론

내림마장조 주요3화음의 **화음기호**와 **고정도법** 계이름을 따라서 써 보세요.

Ⅰ=미♭솔시♭, Ⅳ=라♭도미♭, Ⅴ=시♭레파

Ⅰ=미♭솔시♭, Ⅳ=라♭도미♭, Ⅴ=시♭레파

룰루랄라 계이름 공부

월 일

 내림마장조 주요3화음의 계이름(고정도법)을 읽고 화음기호를 써 보세요.

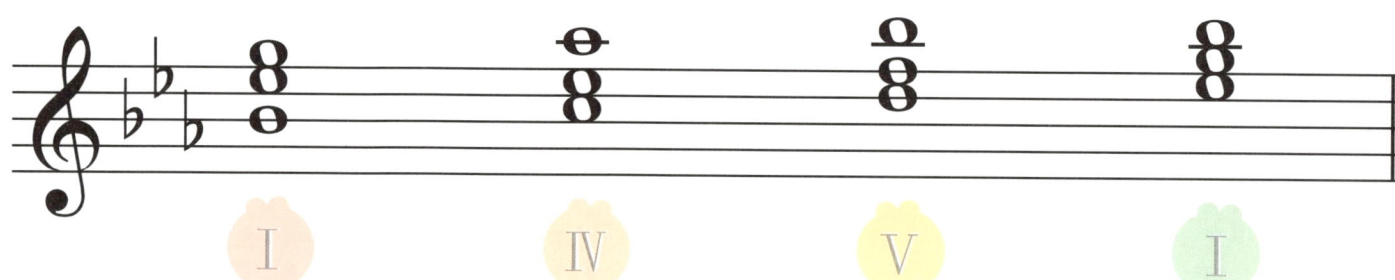

I   IV   V   I

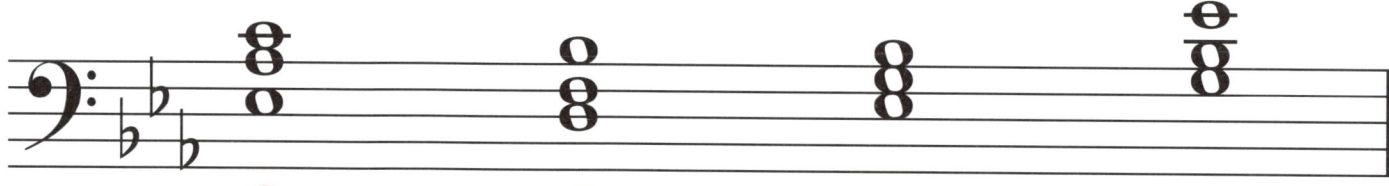

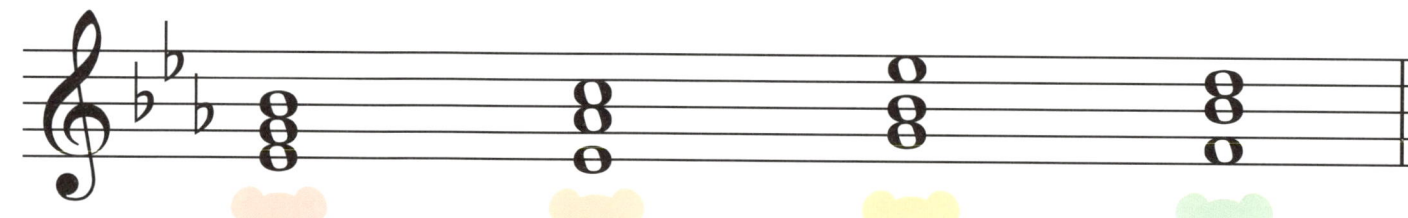

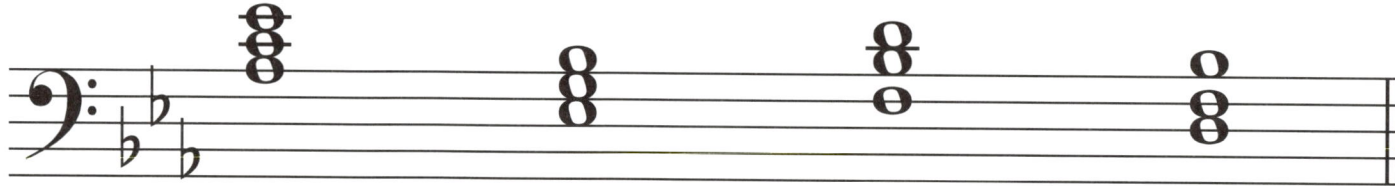

룰루랄라 기초 이론

내림마장조 주요3화음의 고정도법 계이름을 보고 화음기호를 써 보세요.

미♭솔시♭ = I ,   라♭도미♭ = IV ,   시♭레파 = V

미♭솔시♭ = ,   라♭도미♭ = ,   시♭레파 =

 내림마장조 주요3화음의 계이름(고정도법)을 읽고 화음기호를 써 보세요.

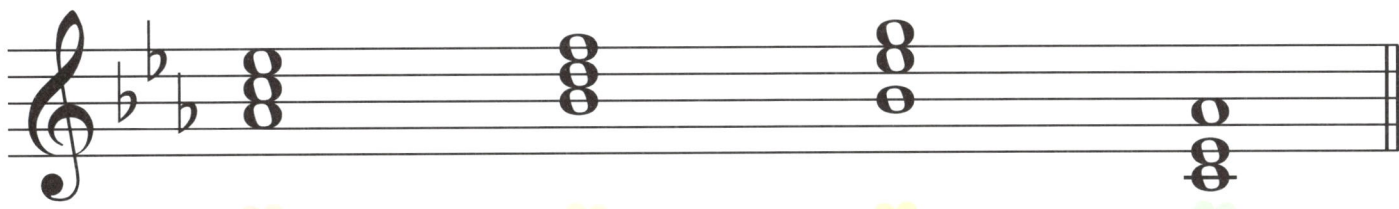

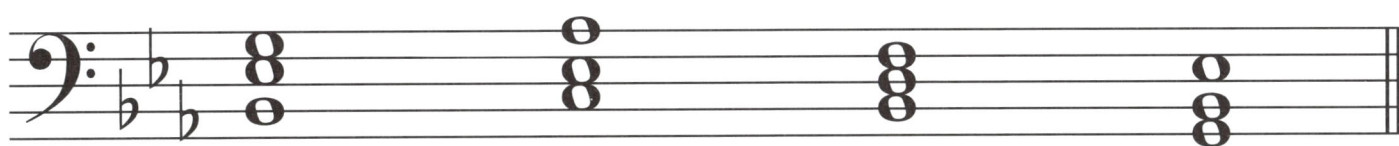

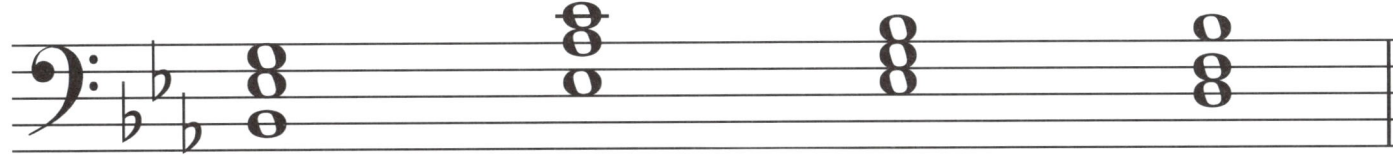

룰루랄라 기초 이론

내림마장조 주요3화음의 고정도법 계이름을 보고 화음기호를 써 보세요.

미♭솔시♭＝   ,   라♭도미♭＝   ,   시♭레파＝

미♭솔시♭＝   ,   라♭도미♭＝   ,   시♭레파＝

룰루랄라 계이름 공부

● 임시표가 붙은 장3화음과 단3화음을 잘 확인하세요.

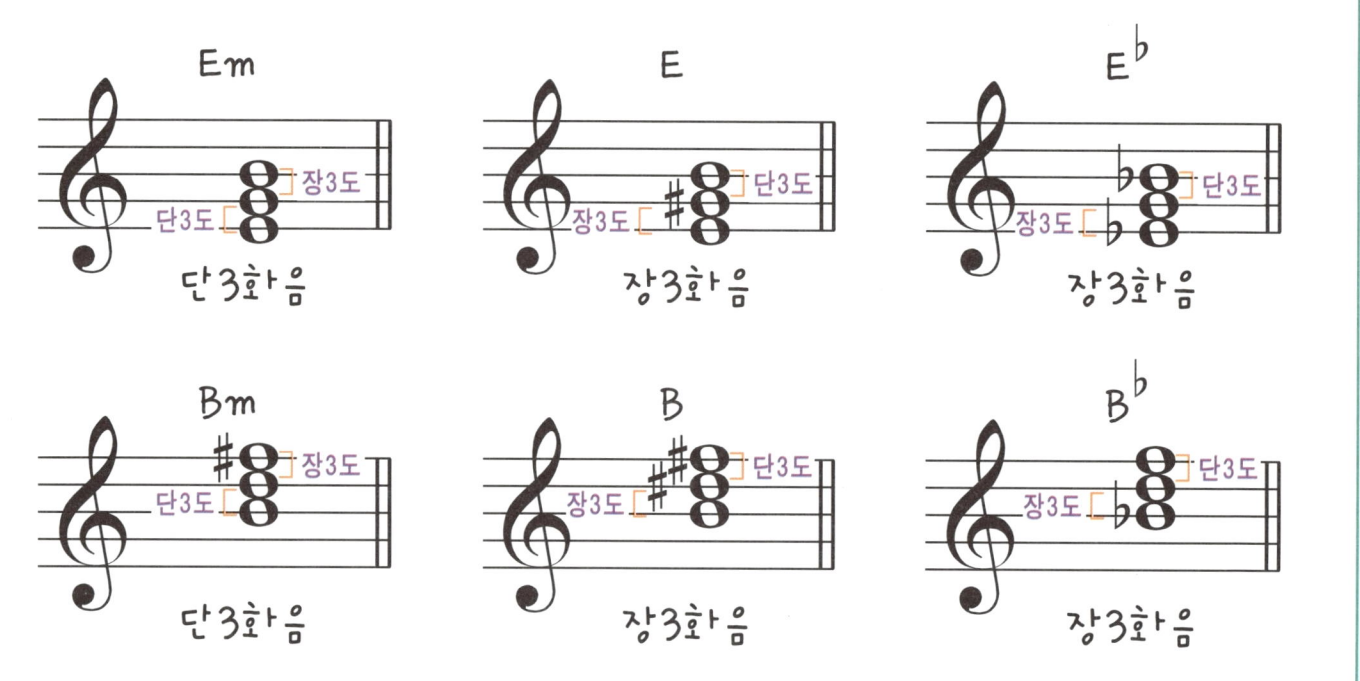

장3화음의 계이름과 코드를 써 보세요.

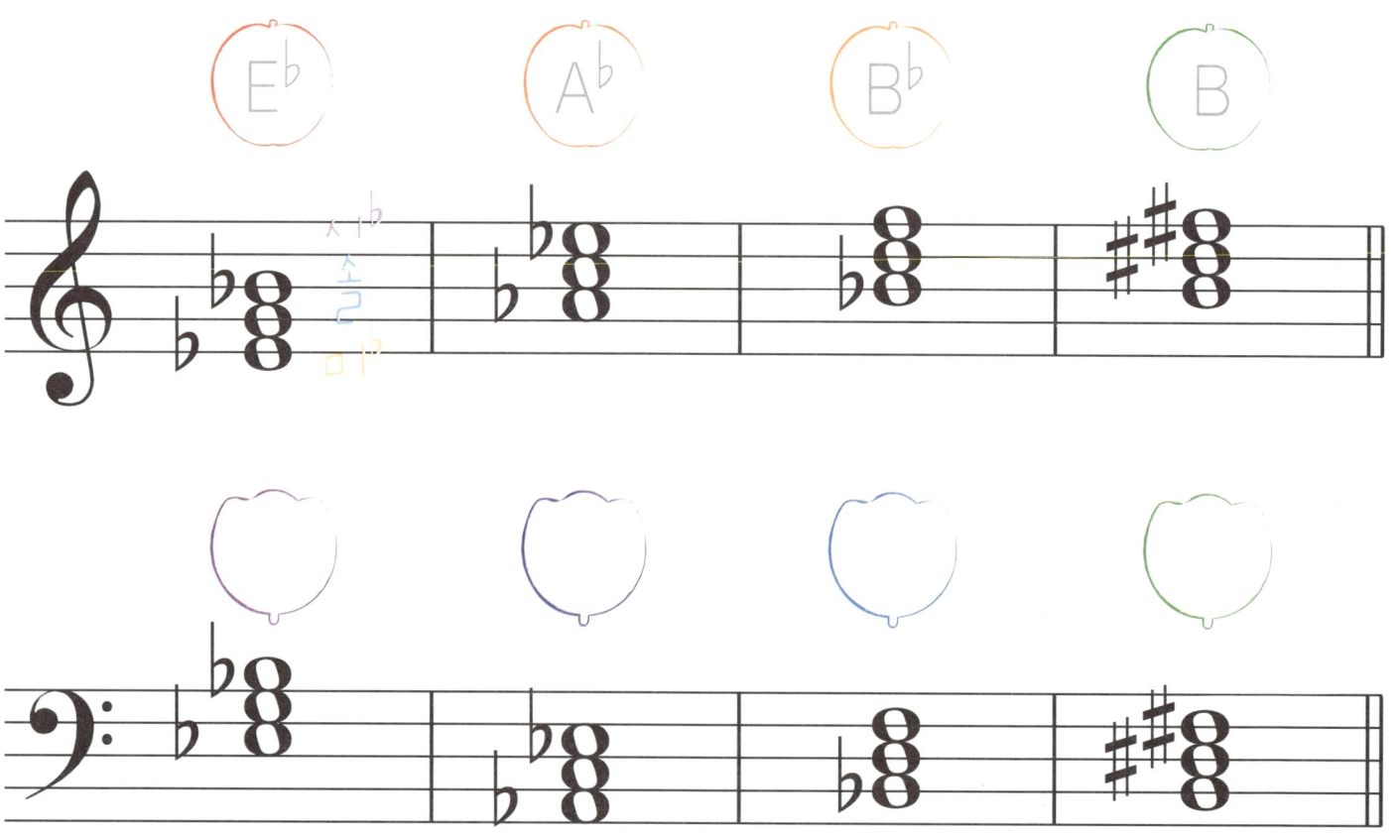

즐겁고신나게 계이름을 익혀 보세요~~

 장3화음의 **계이름**과 **코드**를 써 보세요.

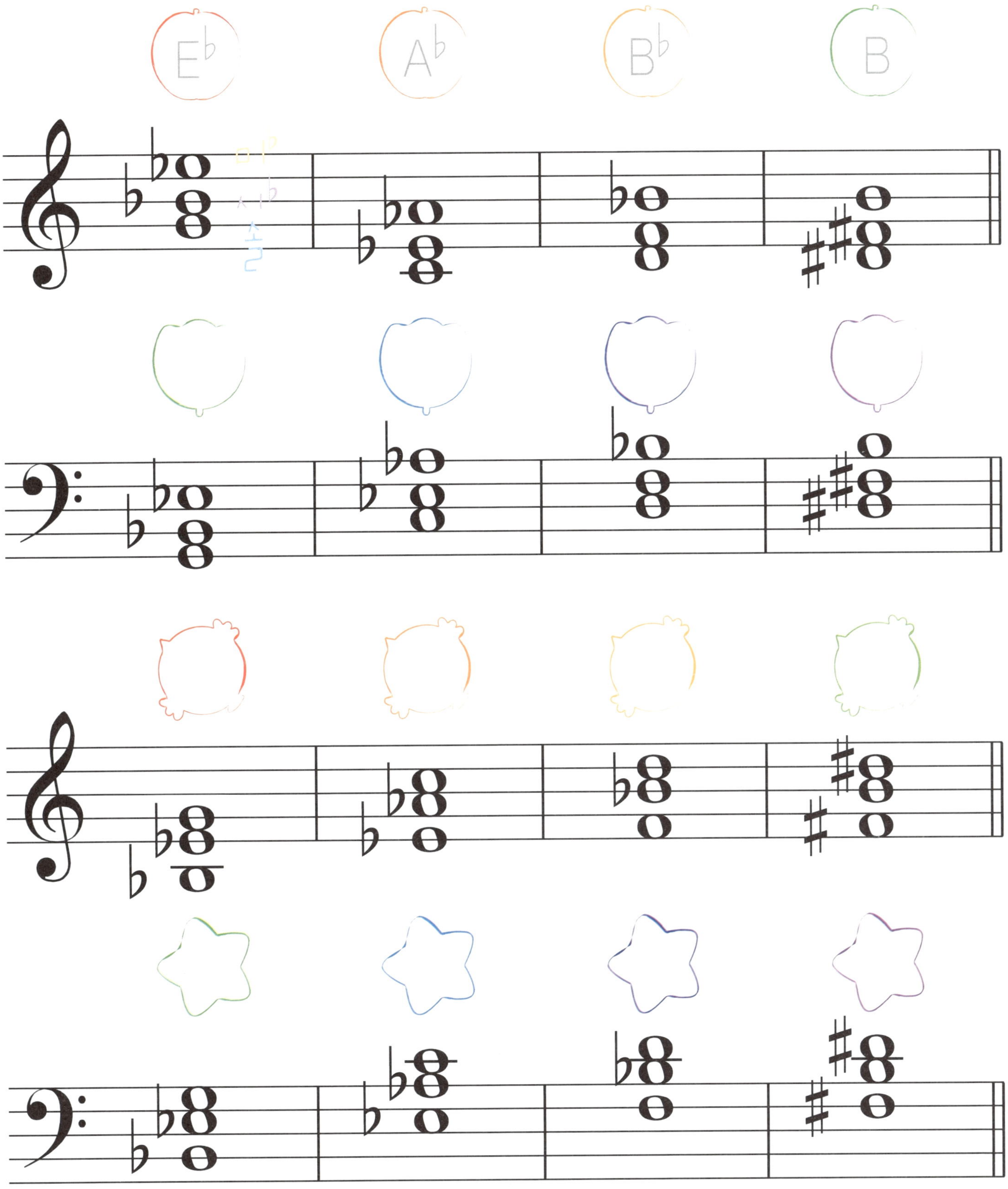

59

월   일

● 딸림화음 위에 다시 단3도 음을 더하면 딸림7화음이 됩니다.

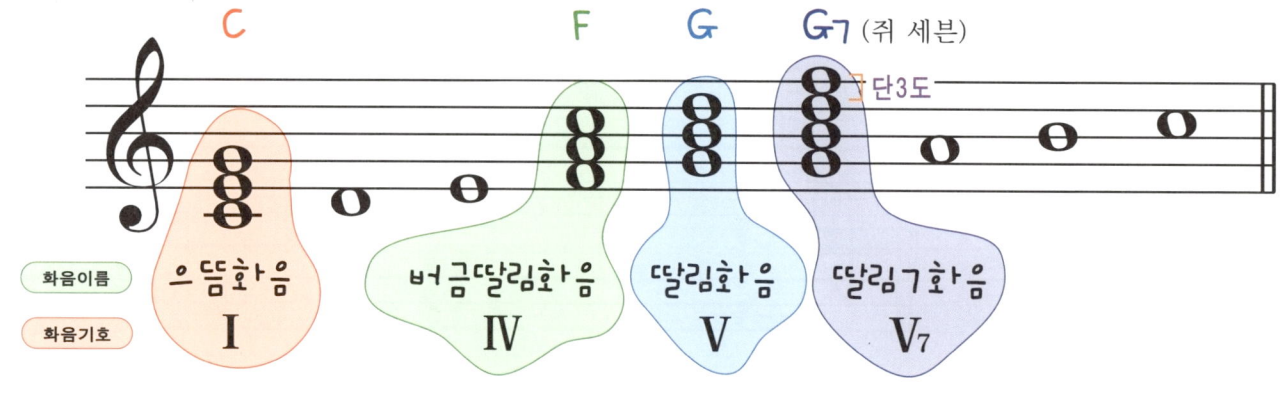

딸림7화음 = 장3화음 + 단3도

 딸림7화음을 따라서 그리고, 코드를 써 보세요.

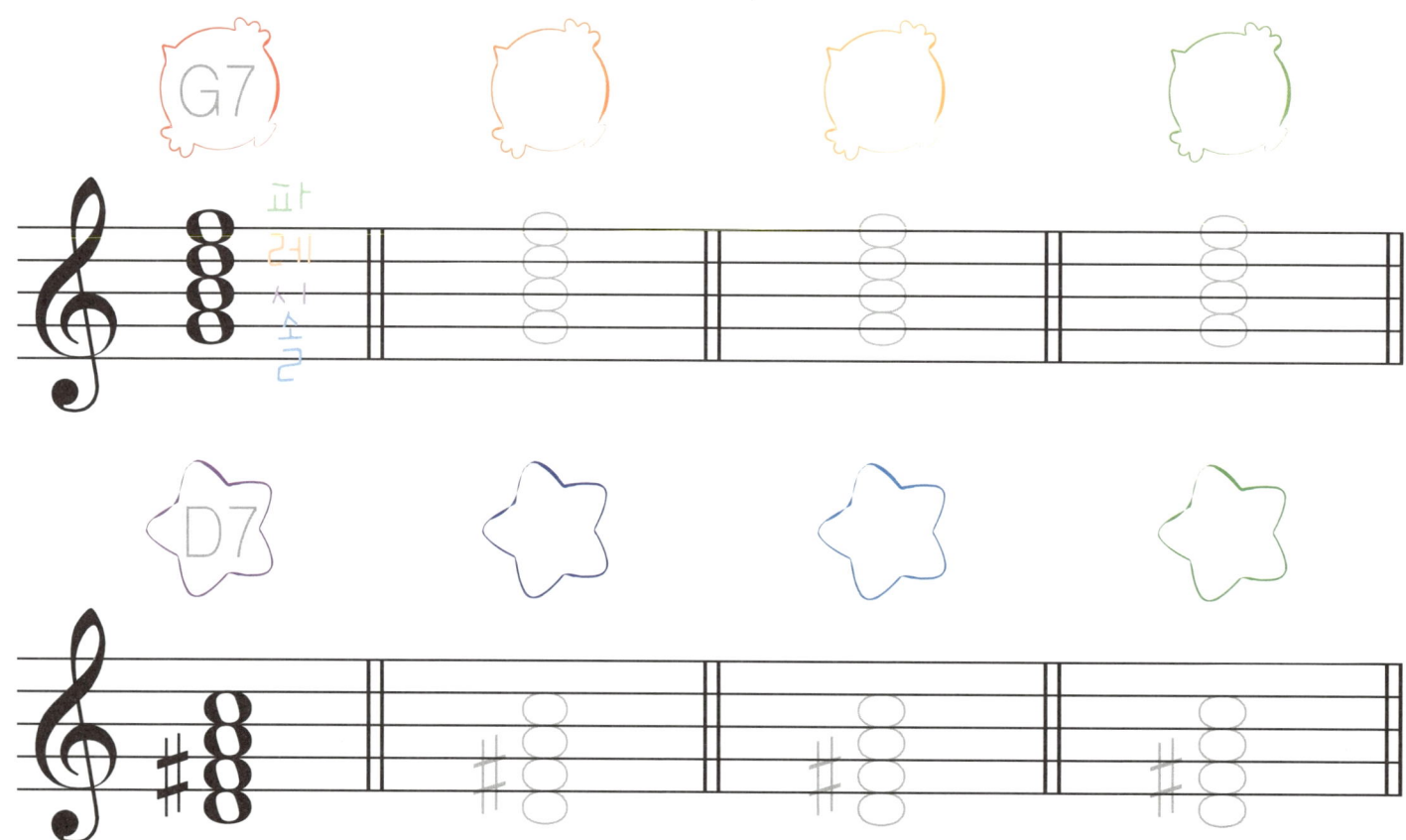

 딸림7화음을 따라서 그리고, 코드를 써 보세요.

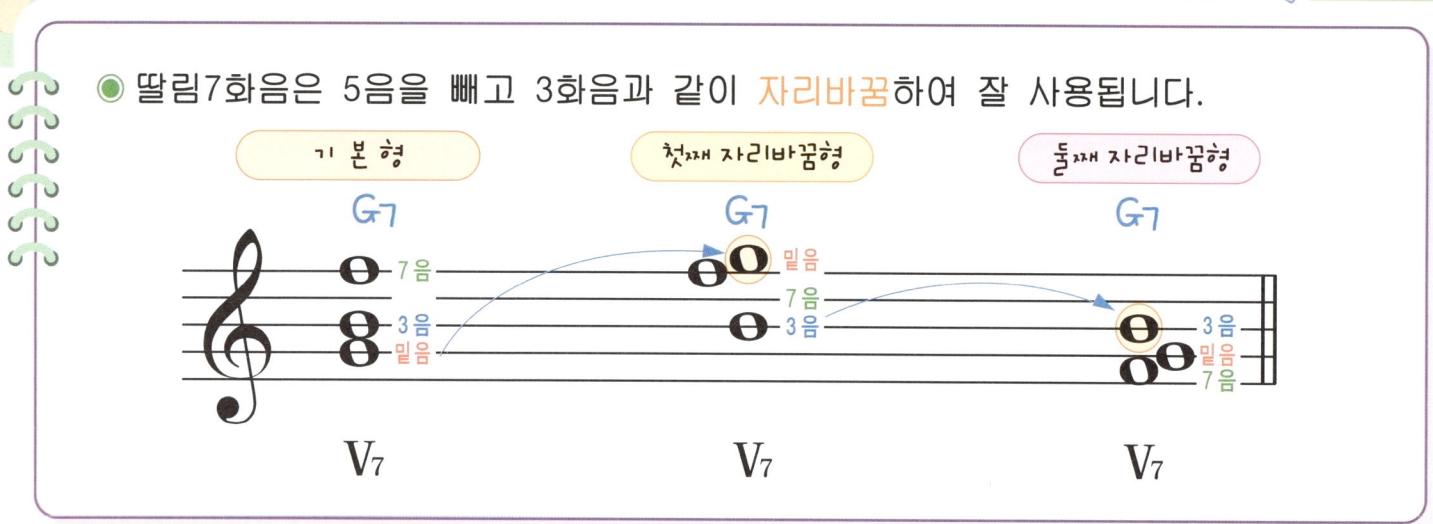

● 딸림7화음은 5음을 빼고 3화음과 같이 자리바꿈하여 잘 사용됩니다.

기 본 형   첫째 자리바꿈형   둘째 자리바꿈형

G7   G7   G7

7음   밑음   3음
3음   7음   밑음
밑음   3음   7음

V7   V7   V7

5음을 뺀 딸림7화음의 자리바꿈형을 따라서 그리고, 써 보세요.

기 본 형   첫째 자리바꿈형   둘째 자리바꿈형

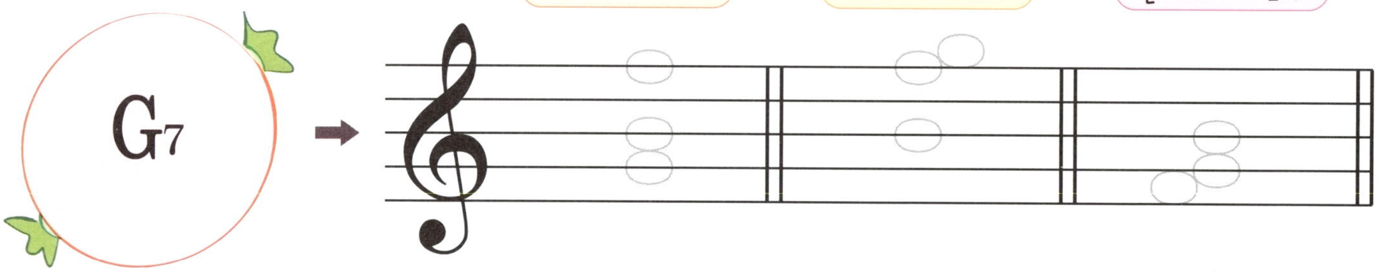

G7 →

솔시파   시파솔   파솔시

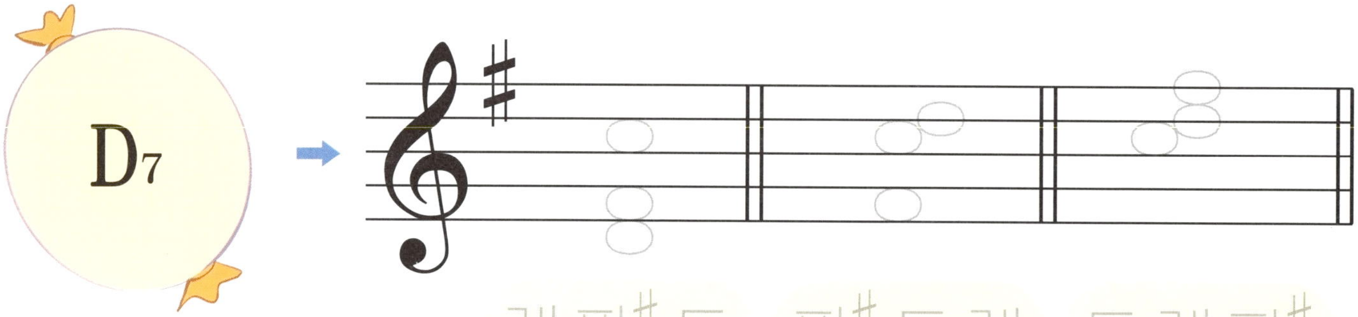

D7 →

레파#도   파#도레   도레파#

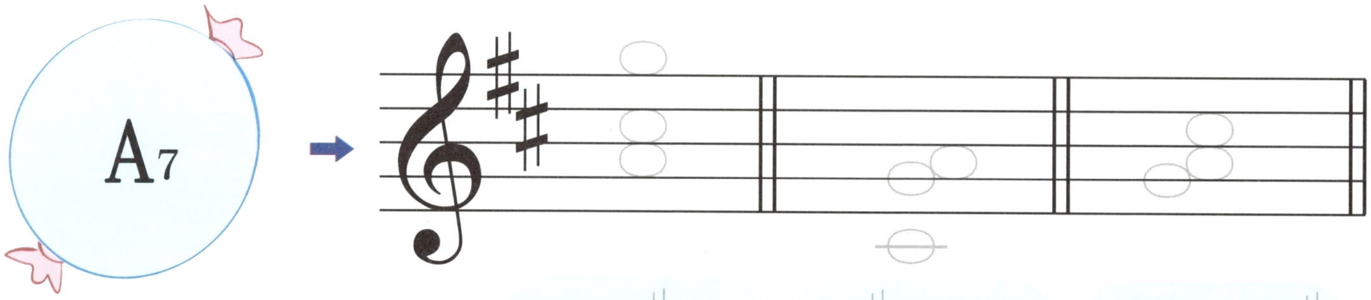

A7 →

라도#솔   도#솔라   솔라도#

 5음을 뺀 딸림7화음의 자리바꿈형을 따라서 그리고, 써 보세요.

기 본 형	첫째 자리바꿈형	둘째 자리바꿈형

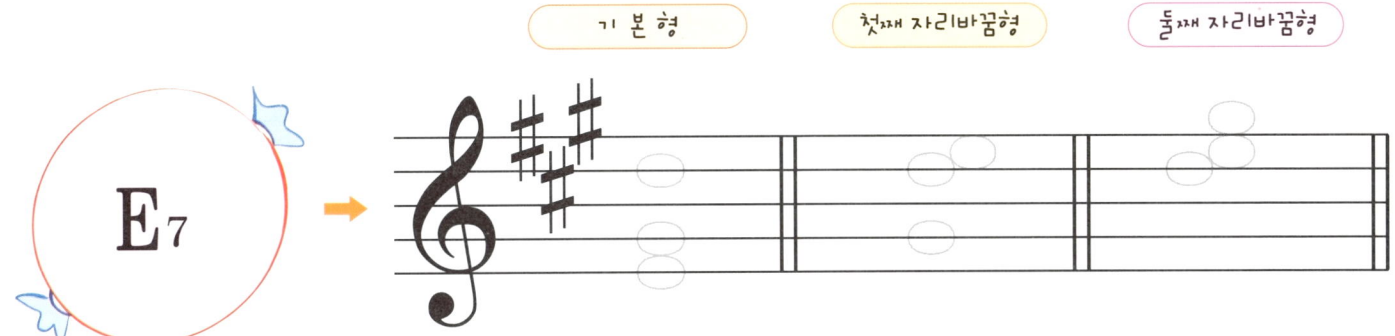

미솔♯레 솔♯레미 레미솔♯

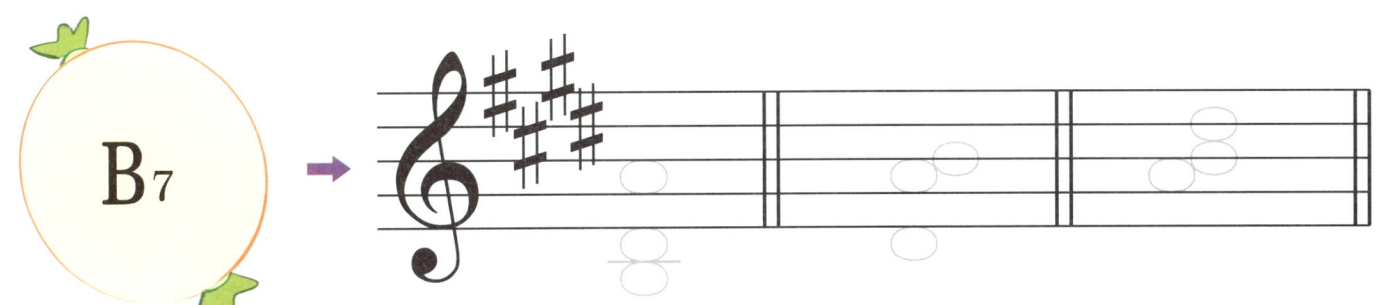

시레♯라 레♯라시 라시레♯

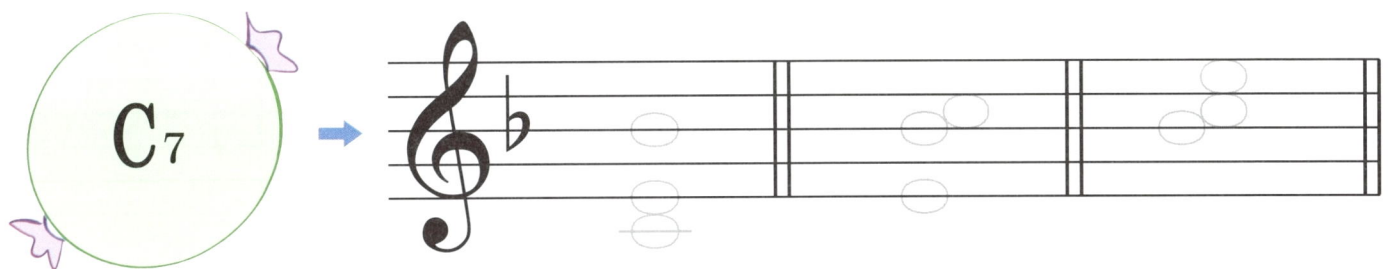

도미시♭ 미시♭도 시♭도미

파라미♭ 라미♭파 미♭파라

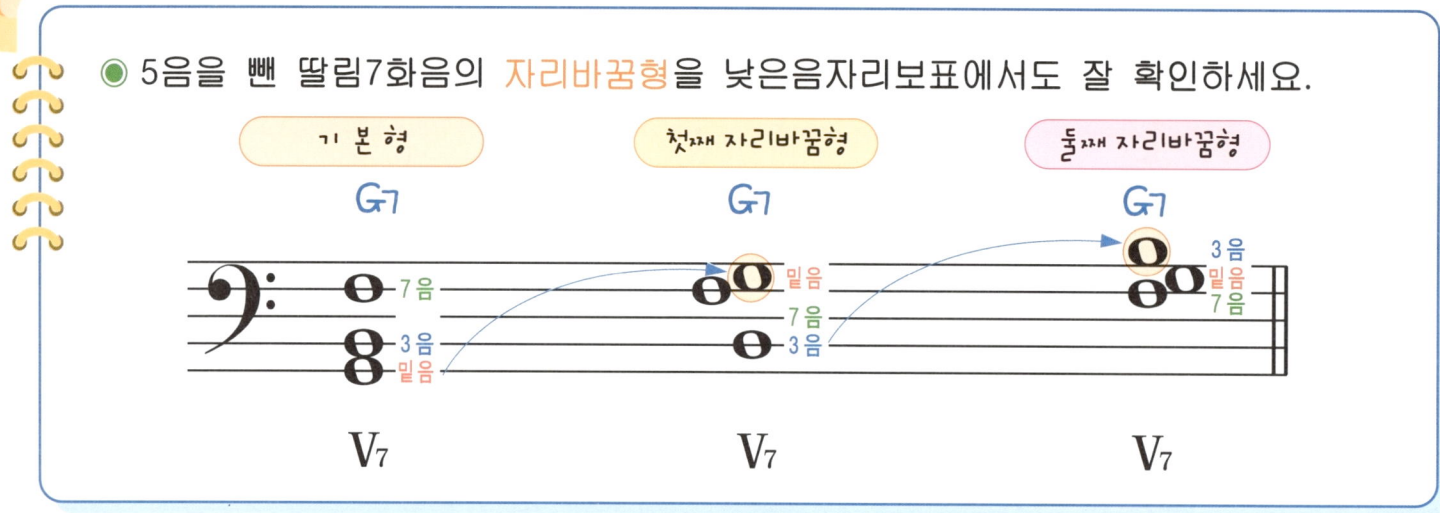

● 5음을 뺀 딸림7화음의 **자리바꿈형**을 낮은음자리보표에서도 잘 확인하세요.

5음을 뺀 딸림7화음의 **자리바꿈형**을 따라서 그리고, 써 보세요.

G₇ →

기 본 형   첫째 자리바꿈형   둘째 자리바꿈형

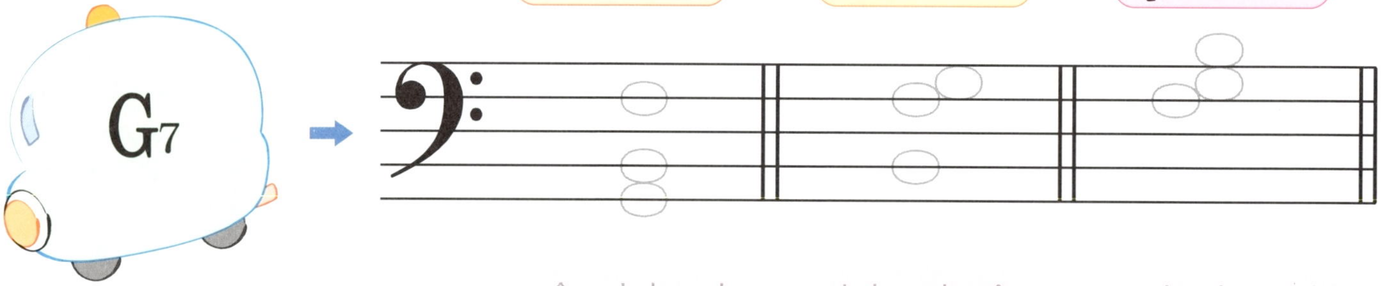

솔시파   시파솔   파솔시

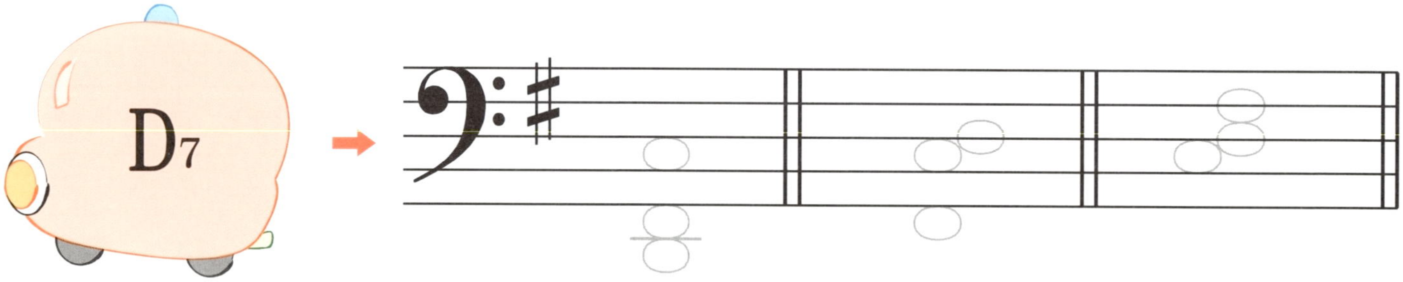

D₇ →

레파#도   파#도레   도레파#

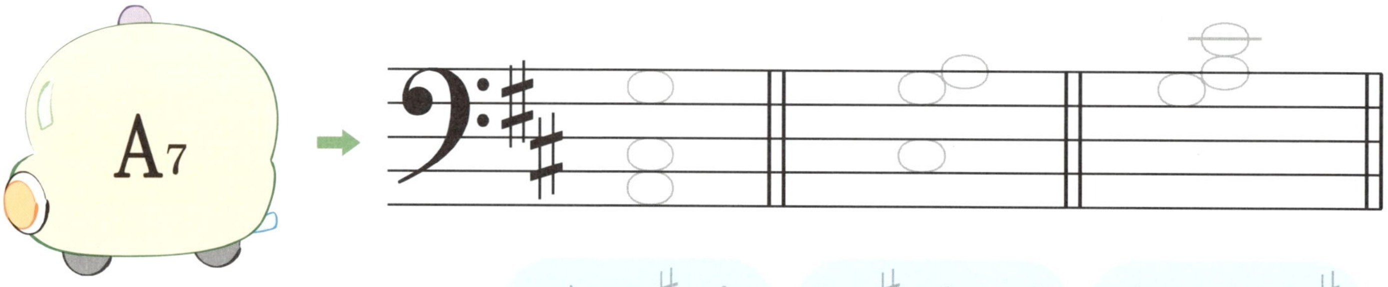

A₇ →

라도#솔   도#솔라   솔라도#

 5음을 뺀 딸림7화음의 **자리바꿈형**을 따라서 그리고, 써 보세요.

기 본 형	첫째 자리바꿈형	둘째 자리바꿈형

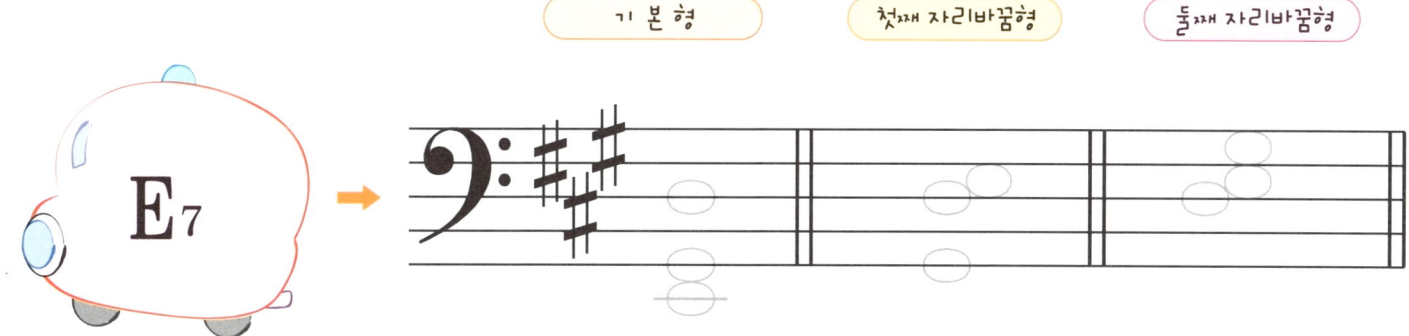

미솔#레 솔#레미 레미솔#

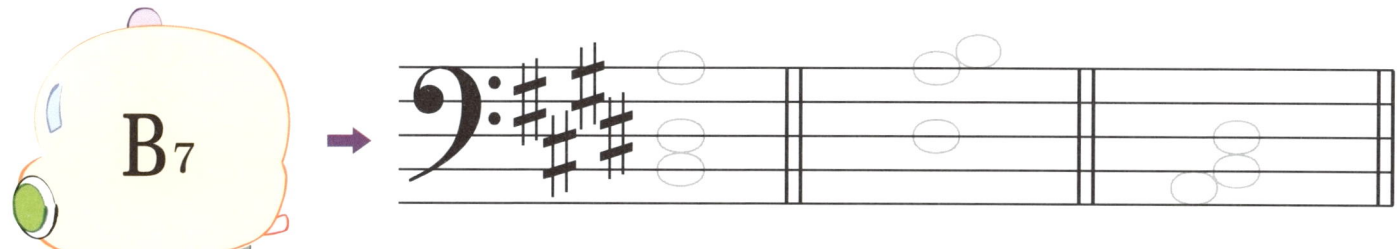

시레#라 레#라시 라시레#

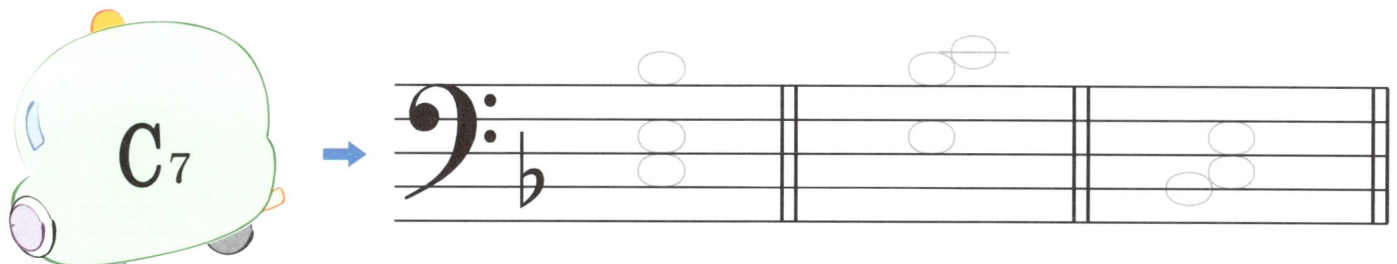

도미시♭ 미시♭도 시♭도미

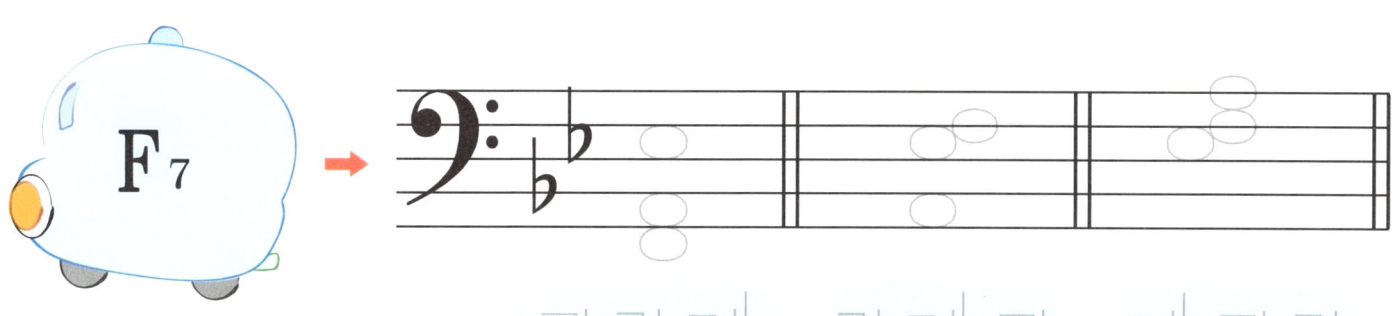

파라미♭ 라미♭파 미♭파라

계이름 공부

 5음을 뺀 딸림7화음의 **계이름**을 읽고 **코드**를 써 보세요.

C7

D7

E7

 **룰루랄라 기초 이론**

코드와 **계이름**을 따라서 써 보세요.

C7 = 도미솔시♭   D7 = 레파#라도

E7 = 미솔#시레   F7 = 파라도미♭

 5음을 뺀 딸림7화음의 **계이름**을 읽고 **코드**를 써 보세요.

G7

A7

B7

룰루랄라 기초 이론

코드와 **계이름**을 따라서 써 보세요.

G7 = 솔시레파   A7 = 라도#미솔

B♭7 = 시♭레파라♭ B7 = 시레#파#라

 5음을 뺀 딸림7화음의 **계이름**을 읽고 **코드**를 써 보세요.

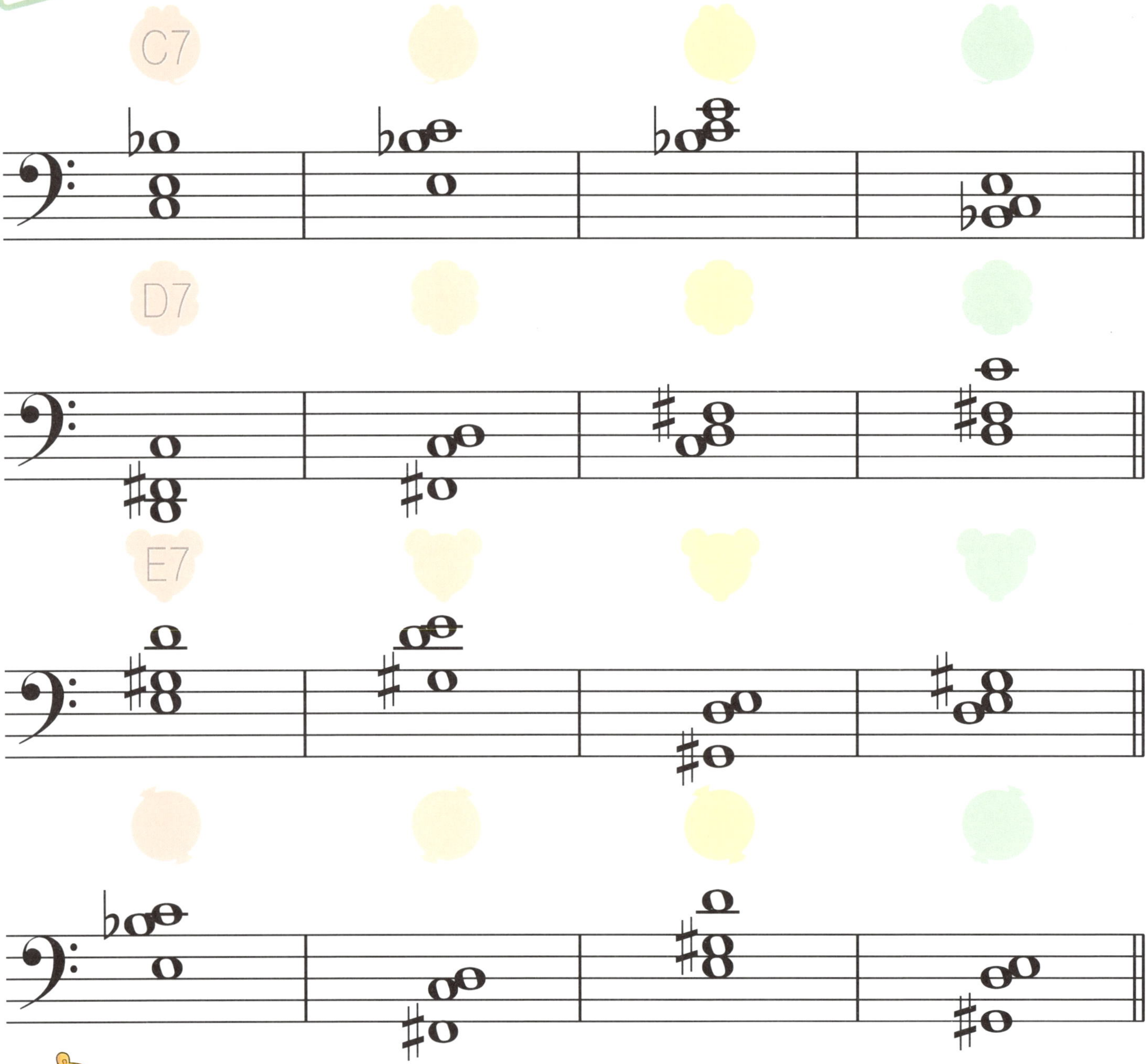

코드를 보고 **계이름**을 써 보세요.

C7 =

D7 =

E7 =

F7 =

 5음을 뺀 딸림7화음의 계이름을 읽고 코드를 써 보세요.

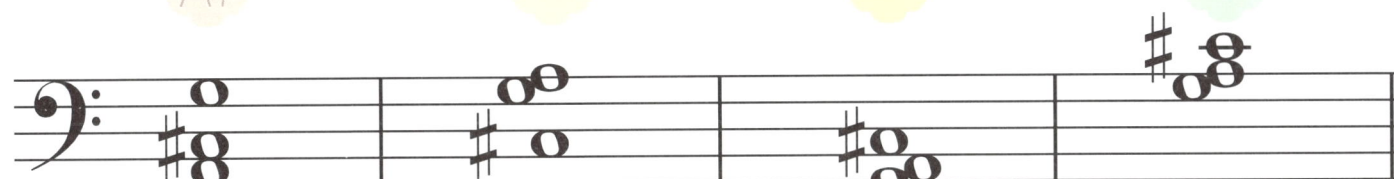

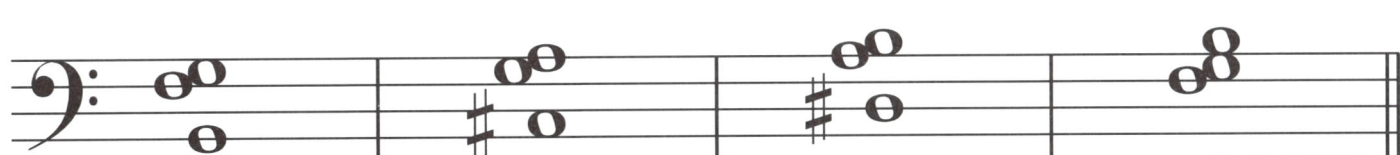

룰루랄라 기초 이론

코드를 보고 계이름을 써 보세요.

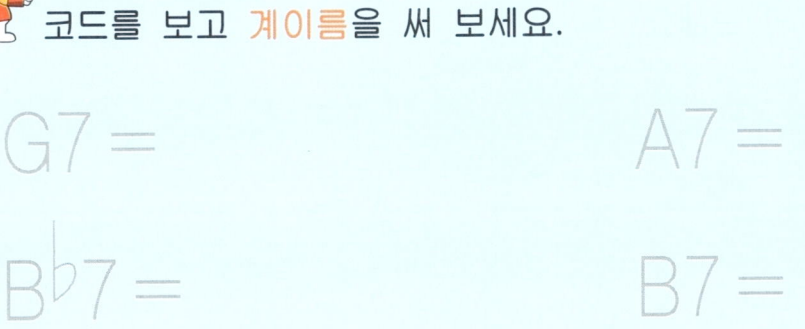

 계이름을 읽고 코드를 써 보세요.

룰루랄라 기초 이론

코드를 보고 계이름을 써 보세요.

C = 도미솔   D = 레파#라   E7 = 미솔#시레

G =   F =   A7 =

B =   B♭ =   C7 =

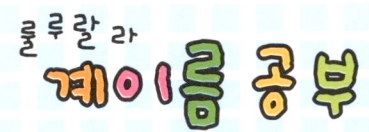
룰루랄 라
계이름 공부

월   일

 계이름을 읽고 코드를 써 보세요.

C

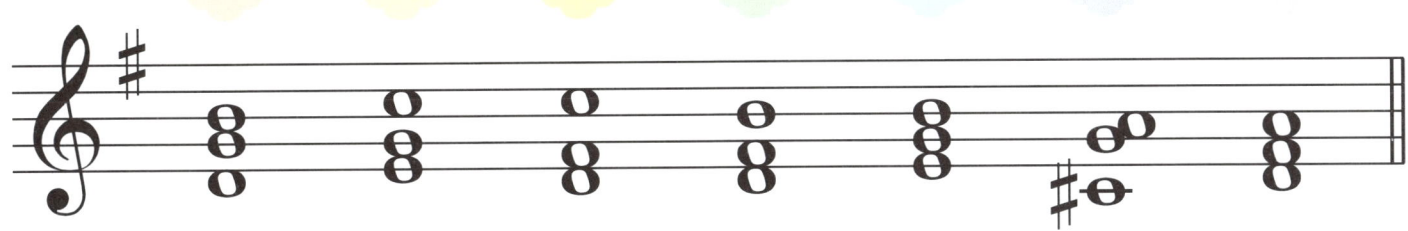

룰루랄라 기초 이론

코드를 보고 계이름을 써 보세요.

A =   Am =   D7 =

E =   Dm =   Gm =

Bm =   Em =   B7 =

발행처 아름출판사
주 소 경기도 고양시 일산동구 탄중로 417번길 7-15
        http://www.armusic.co.kr
전 화 (031)977-1881(대표)
        (031)977-1882(영업부)   (031)977-1883~4(편집부)
팩 스 (031)977-1885
등 록 1987년 12월 9일 제2001-7호

편저자 아름뮤직아카데미
발행인 성강환
편집인 편집부

판 권
AR
소 유

표지 : 그림/손정석, 디자인/박종우
본문 : 그림/손정석, 디자인/박종우

ISBN 89-8377-851-2
     89-8377-840-7(세트)

값 4,000원